本书获得2020年度湖南省自然科学基金青年基金项目"全球价值链视角……系对中国先进制造产业升级的影响机制研究"（项目批准号：2020JJ53……

湖南师范大学·经济管理学科丛书

HUNANSHIFANDAXUE   JINGJIGUANLIXUEKECONGSHU

我国互联网金融投资者投资行为和认知偏差的实证研究

The Empirical Study on Investment Behavior and
Cognitive Bias of Internet Financial Investors in China

陈娟娟◎著

经济管理出版社

ECONOMY & MANAGEMENT PUBLISHING HOUSE

图书在版编目（CIP）数据

我国互联网金融投资者投资行为和认知偏差的实证研究/ 陈娟娟著 . —北京：经济管理出版社，2020. 9

ISBN 978-7-5096-7340-9

Ⅰ．①我…　Ⅱ．①陈…　Ⅲ．①互联网络—应用—私人投资—研究—中国　Ⅳ．①F832. 48-39

中国版本图书馆 CIP 数据核字（2020）第 152418 号

组稿编辑：杨　雪
责任编辑：杨　雪　邢丽霞
责任印制：黄章平
责任校对：王纪慧

出版发行：经济管理出版社
　　　　　（北京市海淀区北蜂窝 8 号中雅大厦 A 座 11 层　　100038）
网　　址：www. E-mp. com. cn
电　　话：（010）51915602
印　　刷：唐山昊达印刷有限公司
经　　销：新华书店
开　　本：710mm×1000mm/16
印　　张：11
字　　数：160 千字
版　　次：2020 年 12 月第 1 版　　　2020 年 12 月第 1 次印刷
书　　号：ISBN 978-7-5096-7340-9
定　　价：59. 00 元

总 序 SEQUENCE

　　当历史的年轮跨入 2018 年的时候，正值湖南师范大学建校 80 周年之际，我们有幸进入到国家"双一流"学科建设高校的行列，同时还被列入国家教育部和湖南省人民政府共同重点建设的"双一流"大学中。在这个历史的新起点上，我们憧憬着国际化和现代化高水平大学的发展前景，以积极进取的姿态和"仁爱精勤"的精神开始绘制学校最新最美的图画。

　　80 年前，伴随着国立师范学院的成立，我们的经济学科建设也开始萌芽。从当时的经济学、近代外国经济史、中国经济组织和国际政治经济学四门课程的开设，我们可以看到现在的西方经济学、经济史、政治经济学和世界经济四个理论经济学二级学科的悠久渊源。新中国成立后，政治系下设立政治经济学教研组，主要承担经济学的教学和科研任务。1998 年开始招收经济学硕士研究生，2013 年开始合作招收经济统计和金融统计方面的博士研究生，2017 年获得理论经济学一级学科博士点授权，商学院已经形成培养学士、硕士和博士的完整的经济学教育体系，理论经济学成为国家一流培育学科。

　　用创新精神研究经济理论，构建独特的经济学话语体系，这是湖南师范大学经济学科的特色和优势。20世纪90年代，尹世杰教授带领的消费经济研究团队，系统研究了社会主义消费经济学、中国消费结构和消费模式，为中国消费经济学的创立和发展做出了重要贡献；进入21世纪以后，我们培育的大国经济研究团队，系统研究了大国的初始条件、典型特征、发展型式和战略导向，深入探索了发展中大国的经济转型和产业升级问题，构建了大国发展经济学的逻辑体系。正是由于在消费经济和大国经济领域上的开创性研究，铸造了商学院的创新精神和学科优势，进而形成了我们的学科影响力。

目前，湖南师范大学商学院拥有比较完善的经管学科专业。理论经济学和工商管理是重点发展领域，我们正在努力培育这两个优势学科。我们拥有充满活力的师资队伍，这是创造商学院新的辉煌的力量源泉。为了打造展示研究成果的平台，我们组织编辑出版经济管理学科丛书，将陆续地推出商学院教师的学术研究成果。我们期待各位学术骨干写出高质量的著作，为经济管理学科发展添砖加瓦，为建设高水平大学增光添彩，为中国的经济学和管理学走向世界做出积极贡献！

目录 / C O N T E N T S

第三章 **互联网金融投资者行为变化研究** 051

第四章 互联网金融投资者对借款描述信息认知偏差的实证研究 081

第五章 互联网金融投资者学历信息认知的实证研究 097

第一章

绪　论

第一节
问题的提出

  2008 年席卷全球的金融危机引发了各国政府对金融监管的反思。后危机时代国际银行业呈现监管从严的新趋势，各国监管当局致力于确保金融机构的资本充足，加强流动性监管和风险监管。2010 年 9 月 12 日，巴塞尔委员会公告了新的银行业监管协议——《巴塞尔协议 Ⅲ》。《巴塞尔协议 Ⅲ》不仅提高了资本充足率要求，银行一级资本充足率下限将从 4% 上调至 6%，核心一级资本占银行风险资产的下限将从现行的 2% 提高至 4.5%，而且扩大了资本风险覆盖范围，严格资本扣除限制，加强流动性监管。《巴塞尔协议 Ⅲ》的监管标准更加严格，监管范围更加全面。根据国际银行业监管强化的趋势，我国确立了银行业实施新监管标准的政策框架。中国银行业监督管理委员会陆续颁布了《关于中国银行业实施新监管标准的指导意见》《商业银行杠杆率管理办法》和《商业银行资本管理办法》。2012 年 6 月 8 日，中国银行业监督管理委员会发布了《商业银行资本管理办法（试行）》正式稿。该办法与《巴塞尔协议 Ⅲ》的资本定义相同，但实施严格的核心一级资本扣除标准，并提高了二级资本工具的合格标准。从监管标准的设定、监管指标的定义以及对实施时间的要求来看，我国监管办法要求高于国际标准。较高的资本充足率要求约束银行信贷扩张，严格的风险监管约束信贷质量评估。一方面，对于抵质物不足和信用信息缺乏的绝大部分小微企业而言，融资约束进一步加剧。根据中国银行业监督管理委员会数据，截至 2017 年末，全国银行业金融机构小微企业贷款余额仅为 30.74 万亿元，仅仅占各项贷款余额的 24.67%，这与小微企业的数量及其对经济的贡献度极不相称（王馨，2015）。正规金融对小微企业的服务不足，而民间金融有其内在的局限性，导致风险事件频发。巨大的资金需求缺口为互联网金融发展提供了土壤。另一方面，普通投资者的投资理财渠道匮乏，难以保证资金的保值增值。同时，以大数据、社交网络、搜索引擎以及云计算为代表的互联网技术的发展为互联网金融发展提供技术支持（谢平，2012）。去金融中介的互联网金融模式迅速发展。根据网贷之家发布的《2017 年中国网络借贷行业年报（完整版）》数据，截至 2017 年底，网络贷款行业平台数量达到 1931 家，2017 年全年网络贷款行业成交量达到 28048.49 亿元，P2P 行业历史累计成交量突破 6 万亿元。艾瑞咨询数据显示，2016 年第三方支付交易规模达到近 80 万亿元。根据《2017 年中国独角兽企业发展报告》，2017 年上市的独角兽企业有 9 家，其中互联网金融行业独角兽企业占 6 家，占比达到 66.67%。相比传统金融模式，近年来互联网金融以其较低的交易成本、较低的信息不对称程度、较广的交易可能性集等独特优势取得迅猛发展，一定程度上缓解了资本长尾市场上资金需求紧张状况，增强了金融服务经济实体的能力。

自 2007 年我国第一家网络贷款平台"拍拍贷"成立至今，互联网金融市场经历了十多年的迅速发展。在此期间，虽然相关监管部门相继出台了一系列管理办法，譬如银监会下发的《网络借贷资金存管业务指引》和《网络借贷信息中介机构业务活动信息披露指引》使网络贷款行业银行存管、备案、信息披露三大主要合规政策悉数落地，并且我国"十三五"规划将建立切实保护金融消费者合法权益的行为监管框架，规范发展互联网金融写入国家未来的发展计划。然而现实中网络贷款平台发展的问题仍然层出不穷。网贷之家对网贷问题平台的数据统计表明，网络贷款平台数量在 2015 年 11 月达到行业最高点 3476 家后，便持续下滑，到 2017 年 10 月末，相较高峰时期，平台数量已经减少了 43.18%。累计停业平台近 4000 家，其中"跑路"平台 1168 家，占比 29%，提现困难平台比例达到 19%。互联网金融平台投资者主体是普通大众投资者，网络贷款平台跑路造成个人投资者直接经济损失，个人投资者的合法权益没有得到切实保护，带来金融市场的不稳定因素。而对互联网金融的主流研究侧重于考察互联网金融发展的监管政策研究，并试图从政府监管政策和平台或项目融资行为等视角解释问题的根源，而忽略互联网金融市场个体投资者投资行为，互联网金融市场上投资者主体是没有专业金融知识和投资经验的大众投资者，投资者的信息识别能力和认知偏差是决定投资行为的重要因素。

基于个体投资者行为的研究已经成为行为金融学的重要研究领域。Grossman 和 Stiglitz（1980）对有效市场假说（EMH）提出质疑，他们认为如果价格能反映所有信息，那么投资者就没有动力继续搜索信息，这种情况下市场不可能达到强势有效。在市场不能达到强势有效的情况下，一般认为，个人投资者会处于信息劣势（李梦然，2014）。许多研究都针对传统资本市场上信息不对称情况下个体投资的选择问题进行了深入挖掘。而鲜有研究深入分析互联网金融市场上处于信息劣势的个人投资者行为。鉴于此，有必要从行为金融学视角研究互联网金融市场个体投资者行为。回答以下亟待解决的问题：互联网金融市场个体投资者是否能有效识别信息？个体投资者投资是否存在跟风的"羊群行为"或者"旁观者行为"？投资者对于融资者披露的信息是否存在认知偏差？本书将以上述重要问题为向导，从理论和实证角度深入分析互联网金融市场上投资者信息识别能力和认知偏差，从个体投资者视角为促进互联网金融健康发展提供理论和政策支持。

本书的研究意义，一方面在于以投资者行为理论和认知偏差理论为指导，结合我国互联网金融发展现状，从投资者学历信息识别行为、投资行为动态变化和描述信息识别偏差等多维度分析我国互联网金融市场投资者投资行为，并深入探究投资行为背后的认知偏差及其产生的原因。另一方面在于突破了现有研究局限于互联网金融监管和融资人行为的限制，从投资人视角探讨互联网金融发展中出现的问题。本书的研究具有科学性和可行性，在党的十九大报告和"十三五"规划要求促进互联网金融健康发展的大背景下开展，对于引导互联网金融投资者理性投资，减少投资风险，促进互联网金融健康发展具有明显的理论意义和现实意义。

第二节
国内外研究综述

一、互联网金融的内涵与外延

金融服务于实体经济的最基本功能是资金融通，是将资金从资金的供给方转移到资金需求者手中，但是一般均衡理论认为（Mas-Colell 等，1995），在一般均衡市场，金融中介是不存在的。金融中介的存在主要是基于两个原因：第一，该金融中介具有规模经济效应和专业技术，可以降低资金流动的交易成本。第二，该金融中介拥有专业的信息处理技术，可以缓解资金供给方和资金需求方之间的信息不对称，从而缓解由此带来的道德风险和逆向选择问题（Mishkin，2007）。

传统金融市场可以作为金融中介在资本市场上为资金供给方和需求方提供融资金额。从期限和风险收益匹配的角度可以把金融机构分为两类：第一类是作为间接融资模式的商业银行；第二类是作为直接融资模式的证券市场。长期以来，这两类资金融通的模式在促进资源优化配置与经济增长方面发挥了重要作用。但是，巨额的交易成本也是必须直面的问题。

2012年4月7日，我国学者谢平在"金融四十人年会"上首次提出了互联网金融（Internet Finance）的概念。在几年的时间内，互联网金融不仅受到金融行业的广泛关注，而且受到了学术界的关注。就互联网金融本质的问题，学术界展开了大讨论。有的学者认为，互联网金融是一种有别于传统金融的全新金融模式和运行方式，可以大幅度地提高资金融通的效率。吴晓求指出，作为一种全新的运作平台，互联网与金融结合，将会彻底地改变传统金融的运行模式和竞争结构，将会重新塑造一种全新的金融构架；以陈志武为代表的另一方观点认为，互联网只是作为一种技术手段，互联网金融只是将传统的金融业务通过互联网的方式来营运。陈志武认为，互联网带来的金融发展强劲不是"新金融"，只是改变了传统金融的销售和获得的渠道，不管是线上交易还是线下交易，其本质仍然是金融契约。互联网金融仅仅只是在融资渠道意义上挑战了传统的银行和资本市场，但是在产品的结构和产品的设计上，互联网金融产品与传统金融产品并没有区别（陈志武，2014）。

目前关于互联网金融的内涵，虽然尚未形成统一的十分明确的定义。但是大部分学者认同谢平等对互联网金融内涵的定义。谢平等（2015）指出，互联网金融为一个谱系的概念，它涵盖了由于互联网技术和互联网精神的影响从传统的银行、保险、证券交易所等其他金融中介和市场，到经典的瓦尔拉斯一般均衡对应的无金融中介与市场之间的所有金融交易和金融组织的形式。就互联网金融的基本属性而言，他们进一步指出互联网金融是既不同于银行的间接融资模式，又有异于证券市场直接融资模式的第三种金融模式。因此，互联网金融是一种新的金融业态。本书认可谢平等对互联网金融的判断。在接下来的研究中，将把互联网金融定义为第三种金融业态。

二、互联网金融投资者行为研究

现有研究从行为的内在起因、外在诱因（环境）、目标、动力因素、中介调节作用、情绪和后果归因七个方面对行为进行定义。行为是在动机、驱力等动力因素和自我调节的作用下，个体使自身的内在要求（如本能、需要等）与外在诱因（如环境等）相协调而产生的有目的的外在活动。在这一定义中，自我调节作用十分重要，它使个体的内在要求与行为目标相协调，从而使这种内在要求获得动力和方向，行为目标或诱因也通过这种调节对个体具有某种意义，从而转化为个体的内在激励因素。自我调节反映了个体内在要求与行为目标、诱因之间相互作用的内在机制。将上述行为的定义应用于金融市场，我们可以归纳出投资者行为的定义，即在金融市场上，投资者为达到获得未来一定收益的目的，在投资动机的推动下，利用有效的手段在适宜的环境条件下，收集、分析、研究与证券有关的各种信息，确定投资目标等投资决策活动，以及买入、卖出金融产品等交易活动的总称。现有研究对传统金融市场投资者行为研究较多。

1. 羊群行为

梳理国内外相关文献发现，国内外学者对众筹市场上投资者是否存在羊群行为的分析尚未形成一致结论。一方面，部分学者认为众筹市场上投资者存在显著的羊群行为。Lee 等（2012）使用韩国最大的一家 P2P 网络借贷平台（Popfunding）2009 年 6 月至 2010 年 7 月的交易数据研究出借人的羊群行为发现，平台的出借人交易中发现了显著的羊群行为，具体表现为当一个借款标的投标率越高时，越能吸引更多的出借人来竞标。廖理等（2015）对我国"人人贷"平台投资者行为的研究发现，借款订单的完成进度越高，越能吸引投资者参与，订单完成进度所引发的羊群行为呈现边际递减趋势。Agrawal 等（2011）研究音乐众筹平台（Sellaband）对投资者行为发现，认筹者认筹已达到认筹目标金额 80% 项目的概率是认筹仅达到目标金额 20% 项目的两倍，表现出跟风认筹的行为。李晓鑫和曹红辉对国内众筹平台点名时间的实证研究表明众筹投资人存在"羊群行为"。另一方面，后来学者发现已有投资者的投资行为对后来认筹者的投资决策有消极的影响，投资者表现出"旁观者行为"。Kuppuswamy 和 Bayus（2018）对美国最大的创意项目众筹平台（Kickstarter）的交易数据研究后发现，增加的认筹者数量与已有认筹者的数量负相关。Burtch 等通过研究新闻众筹项目市场发现，项目平均每天已获得融资金额对项目当天获得的融资金额有消极而显著的影响。

2. 信息识别行为

在传统金融市场上，资金需求方和供给方之间存在信息不对称问题（Jensen & Meckling，1976）。互联网金融虽然能在一定程度上缓解信息不对称问题，但信息不对称问题仍然在互联网金融市场上存在。与投资人相比，融资人往往拥有更多信息，投资者与融资人之间存在信息不对称问题。为了提高融资成功率或者降低融资成本，借款人有隐藏不利于借贷的个人信息的动机。在传统商业银行的借贷市场中，银行会通过抵押、定期检查甚至是派专人进入企业董事会的方式来降低委托代理问题。但是在互联网金融平台，上述方式会由于显著增加交易成本而不适用。因而，互联网金融平台的做法是，在融资人的融资申请中要求其披露更多的信息。

不同类别的融资模式中，披露信息要求有所差别。主要可以分为三类，第一类是融资项目的基本信息，如 P2P 网络借贷平台中要求借款人披露借款目的、借款金额、还款方式等；众筹平台要求融资人即项目发起人披露项目介绍的基本信息。第二类是融资人的个人基本信息，如 P2P 网络借贷平台要求借款人披露个人性别、年龄、房产状况和受教育程度等。第三类是平台认证信息。

现有对互联网金融市场投资者信息识别行为的研究，并没有取得一致结论，有的研究认为出借人具备信息识别能力，而有的研究则认为出借人并不具备信息识别能力。

Iyer 等（2015）的研究认为 P2P 借贷市场中的出借人表现出了很强的信用甄别能力。他们发现虽然出借人不知道借款者的准确信用分数，只知道借款者的信用类别（信用分数的区间），但是他们对借款人违约率的估计比借款人准确信用分数估计的违约率要更准确45%。与拥有全部信息的经济学家相比，他们的预测准确度也达到经济学家的87%。总之，非标准信息在低质量借贷市场中也是有用的，能够很好地帮助出借人估计借款人的信用，P2P 借贷市场的众多出借人和非标准信息有利于提高借贷效率。廖理等（2014）对我国互联网金融市场研究发现，即使在非完全市场化利率的中国市场上，出借人也是聪明的投资者，具有良好的风险判断能力。他们从成功订单参与人数和募集时间两个维度的考察发现，投资者通过识别其他公开的借款人信息可以甄别出同样利率背后的不同违约风险。还有部分学者研究了投资者对借款人社交网络信息的识别能力。

Emekter 等（2015）对美国网络借款平台（Lending Club）的研究表明，平台存在严重的逆向选择问题，借款人的信用等级、债务收入比和循环效用比与违约率高度相关。低信用等级和长期借款伴随着高违约率。虽然投资于低信用等级的借款人能够获得高利率，但是考虑到低信用等级的高违约率，实际的出借人收益率反而比较低。Lending Club 网络借贷平台出借人不具备信息识别能力。Gao 和 Lin（2015）利用心理学文本数据技术来研究 P2P 网络借贷平台语言对未来借款违约率的预测能力，从易读性、情绪（乐观或悲观）、客观性和欺骗性四个角度研究借款内在的风险。他们发现，当借款描述易读性强、借款人使用更多的乐观词汇时，借款人的借款成功率会较高、违约率会较低。那些借款人使用客观性强、欺骗性的语言更有利于借到款，但这些借款的违约率要高。总之，出借人并不能成功识别借款描述语言背后的风险。

3. 其他行为

现有文献除了对互联网金融市场投资者的信息识别行为和羊群行为的研究，还有对投资者本地偏好行为（Home Bias）和学习行为的研究。

现有对互联网金融投资者本地偏好行为研究表明，投资者存在本地偏好行为。Lin 和 Viswanathan（2015）使用 Prosper 网络借贷平台 2008 年 10 月之前的交易数据来考察 P2P 网络借贷平台上是否存在本地偏好。他们运用多种方法检验结果发现，P2P 网络借贷平台上存在本地偏好。他们进而考察本地偏好是一种理性行为还是一种行为偏差，实证结果表明本地偏好并没有经济上的解释，更多是一种情绪上的因素导致，投资于本地借款人并不能给投资者带来更高的收益。

廖理等（2014）研究发现在控制订单信息以及借款人信息之后，中国各省份之间的订单成功率仍然存在显著的地域差异，说明在中国 P2P 网络借贷市场中存在地域偏好。但是，那些被歧视省份，其订单的违约率并没有显著地高于其他未被歧视省份的订单违约率，表明这个地域歧视本质上属于非有效的偏好歧视，是一种非理性的行为。

Freedman 和 Jin（2011）对美国网络借贷平台 Prosper 的研究表明网络借贷平台的投资人具有学习能力，虽然在网络借贷发展的早期，P2P 平台对投资者而言是一个全新的事物，相比传统借贷存在严重的信息不对称性问题，借款人初期并不能完全了解市场的风险，但是随着时间的推移，借款人的学习能力有利于识别风险，行为错误随着时间推移逐渐减少。那些高风险的借款人会被经验丰富的出借人鉴别出来。

三、投资者认知偏差研究

起源于认知心理学的概念——认知偏差，指的是投资者在信息的收集、加工与处理等方面所表现出不同程度的局限性。即使对于那些生理和心理上都很健康的投资者而言，也会因诸如个体认知局限以及判断失当等原因，从而在投资心理上造成程度不等的偏差。认知偏差在个人投资者和企业决策者中间广泛存在，并对其实际投资决策行为产生影响，进而造成行为偏差。此外，认知偏差存在明显的群体差异性。其中，对中小投资者来说，其投资行为呈现出显著的认知偏差，由此导致其投资决策的危害性加大，带来经济损失。

在金融投资的实践活动中，投资者的认知偏差和行为偏差是交互影响的，认知偏差是引致行为偏差的心理原因，而投资者的行为偏差是其认知偏差在行为上的表现形式。在心理偏差和行为偏差的交互作用下，会导致投资者的投资风险加大，进一步加剧金融市场的非理性波动，不利于金融和经济市场的稳定发展。现有研究表明我国传统金融市场投资者存在认知偏差。

信息获取方式差异导致投资者产生不同的认知偏差。按照诺贝尔经济学奖得主 Daniel Kahnema 的研究成果，根据认知偏差发生的原因和具体表现形式来区分，投资者的认知偏差包括代表性偏差（Representitive Heuristic）、可得性偏差（Available Heuristic）、锚定效应（Anchoring Effect）以及框架效应（Framing Effect）等。

代表性偏差是指投资者倾向于根据传统或已发生的类似情形，对事件进行分类，并据此评估事件发生概率，在此基础上形成投资决策。既有研究表明，投资者在修正概率时往往呈现反应过度的情况，对于近期印象深刻的信息常常赋予更大的权重，却对整体分布的基础数赋予较低的权重。人们在不确定性条件下做出判断和决策时，仅以部分现象或典型现象做出依据，夸大认知中"常识"现象的条件概率，而忽视事件的先验概率，产生类似于"小数定理（Law of Small Numbers）偏差"的认知偏差。

可得性偏差是指在信息获取不完全情况下，人们倾向于将易得性的信息或已发生的事件作为决策的依据。例如，在股票市场上，媒体大量关注热门股票时，投资者往往容易根据媒体发布信息做出热门股票上涨概率较大的判断，而事实往往相反，很多较少关注股票的涨幅通常大于热门股票的平均涨幅。

锚定效应是指投资者做出投资决策时，会受到初始值的影响，尽管后期会进行调整，但是调整往往是不够的。会将某些特定数值作为起始值，起始值就像锚一样制约着估测值。比如 Shefrin 研究发现，证券分析师对于信息赋予的权重较低，且后期对其权重并未及时调整。此外，在实证研究中，Kopelman 和 Davis（2004）证明了锚定效应的存在。

框架效应最早由 Tversky 和 Daniel Kahneman 于 1981 年提出。框架效应认为投资者在不确定性条件下进行判断和决策的时候，本质上是对风险结果的选择，通常首先会选择一个参考点，超过参考点投资者心理上视为盈利，低于参考点投资者视为亏损。同样的一个问题，由于编辑表达方式不同，会产生不一样的偏好和选择。研究发现来自决策系统中情绪偏爱的整合是框架效应产生的潜在原因。

已有理论研究和实证研究均表明，投资者不是完全理性的经济人。陈彦斌（2005）通过设置投资者主观偏好参数来描述投资者情绪变化发现，投资者情绪对资产价格定价具有重要影响。伍燕然和韩立岩（2007）论证了投资者情绪是资产定价的重要因素。实证研究方面，王高义（2017）运用上市公司数据的研究表明，投资者情绪对股价暴跌有显著的正向影响。近年来有大量研究通过运用文本大数据，从文本中提取情绪信息，并分析情绪信息对资产价格变动的影响（Tetlock，2007；Henry，2008；Loughran & McDonald，2011；唐国豪等，2016）。即使在成熟的美国股票市场上，Greenwood 和 Shleifer（2014）研究表明投资情绪和认知偏差是市场上的普遍现象。

四、文献评述

从信息识别研究来看，现有研究主要集中于投资者对信用信息、利率信息和描述信息的识别行为，投资者对借款人学历信息识别行为的研究较少。本书运用"拍拍贷"平台交易数据，从借款人的借款利率和还贷表现两个维度分析了借款人对学历信息识别行为。

从投资者行为研究来看，现有对众筹市场上投资者行为研究均从静态视角分析，只考虑投资者羊群行为存在或者不存在，而少有研究分析在众筹项目融资进程中，投资者行为特征的动态变化。事实上，随着融资进程的推进，发起人跟进项目信息披露缓解了市场上的信息不对称，同时项目浏览的旁观者人数增加均会对投资者心理产生影响进而使投资者行为特征发生变化。因此，投资者行为特征表现出随融资进程推进而变化的动态特征。鉴于此，我们运用我国众筹平台"众筹网"交易数据，探讨了我国众筹市场上投资者在不同筹资阶段行为特征的变化。

从投资者认知偏差来看，现有研究主要关注于传统金融市场，并且大部分研究集中于证明认知偏差的存在性，缺乏对产生投资者认知偏差原因的分析。事实上，相比于传统金融市场投资者，互联网金融市场投资者的金融知识更加匮乏，在投资决策过程中更容易产生认知偏差。那么，在我国 P2P 网络借贷市场上投资者是否存在认知偏差？存在什么类型的认知偏差？是什么原因导致了投资者的认知偏差？本书运用"拍拍贷"平台的交易大数据，探讨了借款人对借款项目中软信息即借款描述的认知中存在的合取谬误现象，并从行为经济学视角揭示了网络借贷平台投资者认知中合取谬误出现的原因。

第三节
主要内容

本书重点研究以下几个方面的问题：

（1）我国互联网金融发展的现状：我国不同城市互联网金融发展是否存在地域差异？互联网金融产业是否有产业集聚的特征？互联网投资、互联网保险、互联网货币基金和第三方支付的发展呈现哪些时空特征？针对以上问题，本书运用我国 190 个城市互联网金融发展指数数据，从互联网金融整体发展、互联网投资、互联网保险、互联网货币基金和第三方支付五个方面刻画了我国城市层面互联网金融发展的特征，为微观层面的投资者行为分析提供宏观背景。

（2）投资者对借款人学历信息的识别行为：P2P 网络借贷市场上非专业投资者是否能识别学历价值？投资人对学历价值识别是否存在性别差异？投资人对学历价值的识别是否存在偏差？针对上述问题，我们在人力资本理论和信号理论的基础上，提出投资者学历信息识别的一系列假说，运用我国首家 P2P 网络借贷平台"拍拍贷"平台的 100000 条网络贷款的交易数据，从借款人利率和还贷表现两个维度考察了投资者对借款人学历价值的识别能力和识别行为。

（3）投资者投资行为的动态变化：众筹平台投资人在做投资决策时，能观测到其他投资人的投资策略，投资者会产生跟风投资的"羊群效应"还是"旁观者效应"？抑或在融资期限内出现动态变化？针对这些问题，我们从投资者行为动态变化的视角，运用我国众筹平台"众筹网"的10236条交易数据探讨了我国众筹市场上投资者心理特征变化引致的投资者行为变化，并进一步考察了项目信息不对称的异质性对投资者行为的影响。

（4）投资者对描述信息的识别偏差：投资人对借款项目描述的软信息识别是否存在认知偏差？什么原因导致投资者的认知偏差？针对这些问题，我们从借款项目成功率、借款利率和满标需要的时间三个维度，运用"拍拍贷"平台的交易大数据，探讨了借款人对借款项目中软信息即借款描述的认知中存在的合取谬误现象，并从行为经济学视角揭示了网络借贷平台投资者认知中合取谬误出现的原因。

本书包括六个章节。第一章为绪论，主要分析研究的现实背景，并对已有的国内外研究进行综述。第二章为互联网金融发展的现状研究，探讨了互联网金融发展的宏观背景及其主要特征，并运用互联网金融发展指数刻画了我国互联网金融发展现状。第三章探究了众筹投资者投资行为的动态变化研究，探讨了融资期限内，随着融资时间变化投资者心理变化引致的投资行为变化。第四章为互联网金融投资者对借款描述信息认知偏差的实证研究。第五章为P2P网贷投资者对学历信息的识别行为的实证研究。第六章为研究结论与政策启示。

我国互联网金融发展现状分析

　　本章首先探讨了我国互联网金融兴起的内在金融市场机制和外在技术支持，进一步根据北京大学数字金融研究中心发布的中国互联网金融发展数据，从互联网投资、互联网货币基金、互联网支付、互联网保险和互联网金融五个维度刻画了我国190个城市2014年3月到2015年12月的互联网金融发展状况，分析了我国互联网金融发展的时空变迁，为互联网金融投资者行为的微观研究提供了宏观背景。并以"拍拍贷"和"众筹网"平台为例，介绍了P2P网络借贷和众筹平台发展现状和具体的融资方式，从而为后续章节的实证分析提供了翔实的平台制度背景。

第一节

互联网金融发展的背景和特征

近年来互联网金融兴起有深刻的宏观背景。一方面，传统金融体系金融效率低下，不能满足经济发展的资金融通需求是互联网金融发展的重要原因。另一方面，互联网技术的发展，基于大数据的征信为互联网金融发展提供了信用风险保障。除此之外，互联网金融本身的核心特征是其迅速发展的重要内在原因。

一、中国金融体系效率相对较低

长期以来，我国金融系统具有显著的垄断特征，主要表现为市场准入垄断、利率价格管制和市场封闭（吴晓求，2014，2015）。导致的结果是，市场上竞争不充分、金融市场化程度不够、金融机构获取超额垄断利率和金融服务效率相对低下。我国的广义货币存量（M2）与国内生产总值（GDP）的比值接近200%，而在世界其他主要经济体这一比值中，日本最高仅为140%，欧盟和美国均约为60%。我国的超高比值不仅反映了潜在的通胀压力，更重要的是反映出我国金融体系的低效率，无法满足经济发展的需求。

从资金需求方来看，一方面，传统金融机构对长尾群体的信贷需求存在交易成本过高的情况，主要体现在长尾群体通常缺乏金融机构要求的硬信息并且不能提供充分的担保或抵押品，同时又由于中国的信用体系不健全、利率尚未完全市场化和金融体制等因素，金融机构难以有效克服信息不对称造成的逆向选择和贷后激励问题，因而常常实施信贷配给（Stigò-litz & Weiss，1981；Bester，1985；张捷，2002；林毅夫和孙希芳，2005；张晓玫和潘玲，2013）。由于面临较高的交易成本，传统金融机构仅为20%的优质客户提供服务，而忽视占比80%的尾部人群。长尾群体通常指位于需求曲线末端的小微企业和个人（安德森，2012；谢平等，2015；王馨，2015）。正规金融机构对小微企业服务不足，而民间非正规金融机构有一定的内在局限性，这使得小微企业的信贷需求被边缘化。另一方面，由于我国经济结构的调整产生了大量的消费信贷需求，而正规金融机构无法满足这些需求。

从资金的供给侧来看，众所周知，我国民众具有较高的储蓄率，在巨额的存贷利差下，银行截取了高利润，而普通的储蓄者收益较低，加之普通大众投资者的投资理财渠道匮乏，难以实现保值增值，对高收益金融产品有潜在的需求。我国金融系统中长期存在资源配置的低效率和扭曲，为互联网金融的发展提供了空间。

二、互联网技术的发展

2016 年 4 月 19 日，习近平总书记在网络安全和信息化工作座谈会中明确指出，"互联网核心技术是我们最大的'命门'"。以大数据、搜索引擎、社交网络和云计算为代表的互联网技术发展为互联网金融的兴起提供了技术支持。

首先，互联网社交网络的活跃生成了海量的信息，大部分信息是个人没有义务披露，而机构需要花费巨额信息搜集成本才能采集到。社交网络信息在一定程度上缓解了市场的信息不对称。社交网络实际上是以人际关系为核心，将现实中的社会关系进行数字化，并在网络上加以拓展，是个人向全网络发布、传递和共享信息的一个平台，互联网社交网络建立了自愿分享和共享的机制。互联网社交网络的信息披露作用具体体现为，个人和机构在社会网络中有着大量的利益相关者，这些利益相关者都掌握着部分的信息，但是单独利益相关者的信息是有限的，如果这些利益相关者在互联网社交网络平台共享各自掌握的相关信息，所有信息汇总到一起就能得到某个人、机构或者事件的全面信息，基于这些信息可以对个人的信用资质、机构的盈利前景和事件的未来发展趋势做出有据可循的判断。互联网社交网络可以较快地使人与人或机构之间积累起"社会资本"，大大地降低了金融交易中的信息搜集成本等交易费用，提高了金融效率。互联网社交网络信息传播的迅速性和全面性，隐性地增加了金融违约成本，更好地约束了人们的交易行为，降低了道德风险（谢平，2014；邹传伟等，2014）。

其次，搜索引擎技术的发展大大提高了金融市场参与者的信息处理效率，搜索引擎对信息的检索、组织和排序，缓解了市场上信息超载问题，能有针对性地满足市场主体的信息需求。具体来说，搜索引擎可以从海量的大数据中找到与用户需求最匹配的信息。而社交网络和搜索引擎的交互融合是大势所趋，体现了搜索引擎的社会化。社会化的搜索引擎可以根据互联网社交网络大数据分析结果得到客户的个人特征，并分析出客户的个体需求，不仅可以智能化筛选出客户需要的信息，还能通过社交网络数据推荐出适合解决某个问题的个人。搜索引擎社会化的本质是通过对社交网络大数据的分析进行信息筛选，提高信息识别效率，并进一步地提高"诚信"程度。

再次，云计算技术的发展保证了对大数据信息的高速处理能力。云计算通过使用大量廉价的普通个人电脑将巨大的计算任务进行分摊，化整为零，具有易扩展和能容错的优点，并且能保障多备份数据的一致性，使用户能够按需获取相应的计算能力、信息服务和存储空间（刘鹏，2011）。云计算对搜索引擎的发展有显著的促进作用。云计算能力保障了大数据处理的时效性（谢平等，2014）。

最后，在云计算能力的保障下，资金的供给方和需求方通过互联网社交网络平台揭示和传播信息，然后这些信息被搜索引擎组织和标准化，最后形成了动态变化但时间连续的信息序列。据此可以在非常短的时间内迅速地给出任何一位资金需求人的风险定价和动态违约概率，而且搜集信息和信息计算的成本非常低。这为互联网金融交易提供了大数据征信支持。这样可以做到与传统金融市场上的信用违约互换市场机制相似。并且谢平等（2015）认为，信用违约互换市场机制使用的是与搜索引擎和社交网络相似的分析机制，通过市场上的交易价格信息来生成一些动态变化但连续的违约概率序列，该机制在违约信息的识别上比现有的信用评级机构评级效率更高。互联网金融市场是一个大众参与度极高的普惠金融市场，市场上每项交易的金额较传统金融要小，但金融交易量极大。虽然从理论上来看，任何金融交易品隐含的信用违约互换机制都能在任意时间点判断出它的违约概率。但是，互联网技术的发展使得在任意时间点快速地识别出违约概率成为可能。与传统金融行业征信相比，基于大数据的征信加入了新的信息来源，如互联网社交信息等。新信息维度完全不同于已有的信息维度，因而对违约率的预测结果更加全面并且更加准确。

三、互联网金融的主要特征

互联网金融的兴起，除了中国金融系统效率较低和互联网技术的支持等外部原因，互联网金融拥有的一些基本特征是互联网金融兴起的内部根本原因。互联网金融的核心特征包括交易去中介化、交易费用降低、信息不对称程度降低和交易集合的拓展（谢平等，2014；邹传伟等，2014）。

第一，作为第三种金融业态，互联网金融最大的特点是资金融通去中介化。在互联网金融中，资金供给和需求数量、期限和风险的配置不一定需要通过传统的银行或者证券公司等金融担保中介，互联网本身可以直接进行资金供求的无担保匹配（谢平等，2014；邹传伟等，2014）。我国许多地方面临着"企业多融资难、资金多投资难"的矛盾问题（郭娜，2013；李华民和吴非，2017），一方面，为我国经济发展贡献重要力量的中小微企业出于各种原因，难以在正规金融渠道借款，面临严重融资约束。部分银行账户资金流水较少的个人，如学生等，也很难通过银行等传统金融机构满足贷款需求。另一方面，我国较高的银行储蓄率说明大部分民众投资理财渠道较少，难以实现资金的保值增值。

互联网金融可以有效地缓解资金供给和需求匹配中的信息不对称，去中介化的模式有效减少交易费用，其发展有一定的必然性（李继尊，2015）。中小微企业和个人既可以通过 P2P 网络贷款的债权贷款模式满足资金需求，舍弃银行等传统信贷市场金融中介，同时个人也可以将其闲置的小额资金在平台上放贷出去收取较银行储蓄更高的利率。债权还可以在 P2P 平台的二级市场上进行转让。中小微企业和个人也可以通过股权众筹等互联网金融股权融资模式，不通过股票交易所或证券市场，直接在众筹平台上，面向大众投资人进行众筹融资。同时，企业也可以根据自身的需要，动态地发行股票、债券或者其他混合型资本工具，以供互联网金融市场投资者选择。投资者可以实时获取自己投资组合的市值、分红等信息。因此，互联网金融通过去中介化可以实现资金供求的有效匹配。

第二，互联网金融降低了资金融通的交易费用。如前文所述，互联网金融通过去中介化直接进行资金供求方的资金匹配，免去了传统商业银行融资成本或者证券交易市场的交易费用，去中介化的融资模式有效降低了融资成本。同时，互联网促进了资金交易的运营优化，因而可以降低交易费用（谢平等，2014）。

在传统的银行支付模式下，如果要实现跨行转账结算，客户需要同多家商业银行建立关系，而在互联网第三方支付的结算方式下，客户仅仅需要与第三方支付平台建立关系就可以便利地实现跨行转账。互联网第三方支付平台代替了客户直接跟银行建立联系。并且平台二次结算的方式可以让小额交易在平台直接轧差然后清算，可以提高支付清算的效率，有效降低交易费用。

第三，互联网金融可以缓解市场上的信息不对称。大数据信息处理在互联网金融中的应用，显著提高了风险定价和风险管理的效率，有效地缓解了市场上的信息不对称。在 P2P 网络借贷平台上，谢平和邹传伟（2012）指出，对某个信用主体，很多利益相关者都可以在互联网上给予评价，这样根据自主信息和主观判断，任何时点都可以知道违约概率，并且是最有效的。在互联网保险方面，运用大数据对投保人行为进行分析可以提高保险精算的准确性，保费可充分考虑个体行为差异，并且进行动态调整，缓解保险市场上信息不对称引致的道德风险问题（王和，2014）。

第四，互联网金融可以拓展金融市场上的交易可能性集合。互联网金融通过去中介化的模式，来降低交易费用，运用大数据分析缓解金融市场信息不对称，运用互联网技术打破传统融资模式的地域限制，从而拓展了原有的交易可能性集合。

第二节
我国互联网金融发展现状

一、互联网金融发展水平的测度

作为第三种新业态，现有研究对互联网金融的定量测度较少。沈悦和郭品（2015）借助百度搜索引擎，主观设定互联网金融指数的关键词，如"第三方支付""网上支付""在线支付""互联网理财""网上融资""网上银行""电子银行""在线银行""互联网保险"等，通过计算这些关键词的词频来构建互联网金融指数的基础。这种文本挖掘的方法虽然能很好地利用互联网技术及时测度出互联网金融指数，但可能存在两个方面的问题。第一，关键词的选取是互联网金融指数计算的关键，而关键词的选择具有一定的主观性，比如能代表互联网借贷的词汇——"P2P""众筹"等没有被选入关键词。因此，词汇选择的主观性限制了互联网金融指数的可代表性。第二，关键词检索的词频虽然能在一定程度上反映互联网金融的网络热度，但并不是基于互联网金融市场上实际交易数据的测度，不能准确地反映互联网金融的实际发展。鉴于此，我们参考北京大学数字金融研究中心基于实际互联网金融交易数据测度的数字普惠金融指数，分析我国地级市互联网金融发展的时空变迁。

受限于数据可得性以及我们的研究目的，本书的互联网金融指数仅代表狭义的互联网金融，即非金融机构的互联网企业利用互联网平台和技术涉入金融创新领域。

按照互联网金融业务属性特征，本书将互联网金融业务划分为六大板块：互联网支付、互联网货币基金、互联网信贷、互联网保险、互联网投资理财和互联网征信。六大板块的代表性公司如表2-1所示。本书的指数测算方法不仅测度了我国互联网金融发展的整体水平，而且分业务对各板块的发展进行了比较和分析。

表2-1　互联网金融业务和主要代表公司

序号	互联网金融业务分块 （共6块）	举例
1	互联网货币基金	余额宝、理财通、京东小金库等

续表

序号	互联网金融业务分块 （共6块）	举例
2	互联网投资理财	人人贷、拍拍贷、京东众筹、天使汇、蚂蚁聚宝等
3	互联网信贷	蚂蚁微贷、花呗、趣分期、京东白条、京东贷等
4	互联网支付	支付宝、微信支付、京东钱包等
5	互联网保险	淘宝保险、理财险、众安保险等
6	互联网征信	芝麻信用、腾讯征信等

　　该指数测算以 2014 年为基期，将当时全国的互联网金融发展指数设定为 100，包括我国 337 个城市 2011～2018 年的互联网金融指数。测算的数据来源于蚂蚁金服，以及铜板街、米么金服、趣分期、中国人民银行、零壹财经等其他有代表性的互联网金融企业或第三方机构的公开数据。鉴于数据可得性的约束，将采用分期逐步引入，多次迭代的方法吸收其他机构的数据。在逐步引入其他机构数据源时，将根据指数调整规则以实现指数的连续性和稳定性。为了保证蚂蚁金服和其他机构业务数据的逻辑一致性，对于其他机构数据，我们将尽量采用同时包含相同指标的数据源，以确保从其他机构引入的数据指标口径与蚂蚁金服一致。对于其他机构无法获得的数据指标，我们则基于蚂蚁金服和其他可获得的数据来进行必要的计量估计。

　　依照代表性、可操作性、独立性和可拓展性原则构建六大业务的指标体系，既考虑业务的通用性，也考虑业务的个性化，整体指标体系共分为四级。六大业务的通用性指标又可以分为广度指标和深度指标。广度指标是反映各业务发展规模的总量指标，深度指标是反映各业务发展质量的平均指标。其中五项业务（互联网支付、互联网货币基金、互联网投资理财、互联网信贷和互联网保险）的通用广度指标为最近 1 个月的交易渗透率，通用深度指标为最近 1 个月的人均交易金额和人均交易笔数。而征信业务由于是互联网金融的基础设施，并不直接产生交易，而是协同其他业务产生交易，为其他业务提供风控、定价服务，所以其广度指标为最近 1个月被调用互联网征信人数渗透率，深度指标为最近 1 个月人均被调用互联网征信的次数。通用指标具体解释为：

（1）交易渗透率。该指标用来反映某业务的覆盖广度。具体来看，全国某业务总体渗透率通过该业务最近 1 个月有购买记录的总人数，除以当期全国总人数得到；地区某业务渗透率通过该地区该业务最近 1 个月有购买记录的总人数，除以该地区当期常住人口数得到；分属性渗透率通过该属性人群最近 1 个月有购买记录的总人数，除以该属性下当期人口数得到。

（2）人均交易金额。该指标用来反映某业务发展的深度和质量，通过某业务最近 1 个月的实际总交易金额除以实际交易人数得到。

（3）人均交易笔数。该指标也用来反映某业务发展的深度和质量。通过某业务最近 1 个月的实际总交易笔数除以实际交易人数得到。

为了从不同角度来反映互联网金融行业的发展状况，互联网金融发展指数体系不仅包括互联网金融发展总指数，还包括分地区、分业务和分属性发展指数等。总指数主要反映全国互联网金融发展状况；分类指数主要包括地区互联网金融发展指数和五大业务的分类指数；分属性指数主要是依据互联网用户属性特征计算得到的特定人群的互联网金融发展指数，如年龄、性别等。

具体测算方法见附录一。

二、我国互联网金融发展水平

根据上述指数测算方法的测度结果，首先从我国互联网金融综合发展、互联网投资、互联网货币基金、互联网支付、互联网信贷和互联网保险多个方面考察我国互联网金融发展的整体水平。图 2-1 为 2011~2018 年我国互联网金融发展趋势。从互联网金融发展指数来看，整体上我国互联网金融发展呈现稳步增长的趋势，从 2011 年的 56.10 到 2018 年的 149.8，七年时间内互联网金融指数整体上增长了大约 2.76 倍。

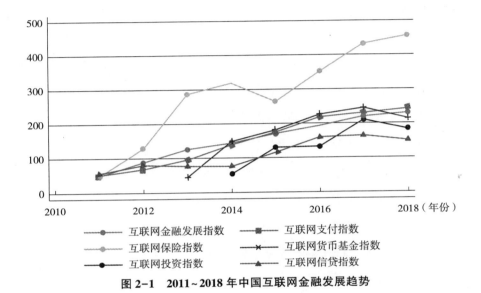

图 2-1　2011~2018 年中国互联网金融发展趋势

从互联网金融不同业务来看，不同业务发展速度的差异较大。样本期内，互联网保险指数波动幅度较大。2011~2014 年，基于互联网大数据的互联网保险以较快的速度增长，远远高于其他业务的增长速度，在 2013 年互联网保险指数相比前一年增长了约 123%。2013 年 11 月，由平安保险、腾讯集团和阿里集团共同出资设立的全国首家网络保险企业——众安在线财产保险有限公司成立。根据中国产业信息网数据，2014 年，互联网保险业务规模继续大幅增长，2014 年底有 85 家保险公司开展了互联网保险业务，比上年增加了 26 家，其中，中资公司 58 家，外资公司 27 家，当年保费收入 858.9 亿元，同比增长 195%。占总保费收入的比例由 2013 年的1.7% 增长至 2014 年的 4.2%；对全行业保费增长的贡献率达到 18.9%，比2013 年提高 8.2 个百分点。2011~2014 年，互联网渠道保费规模提升了 26

倍，已经成为拉动保费增长的一个重要因素。互联网保险的迅速发展也暴露出用户信息安全隐患、保险产品品种单一、缺乏有效监管等一系列问题。为了促进互联网保险行业健康发展，2015 年 7 月 26 日中国保监会印发了关于《互联网保险业务监管暂行办法》的通知，对互联网保险业务从风险管控、经营条件、经营区域、信息披露、经营规则、监督管理等方面提出了明确的要求。2015 年，互联网保险指数有所下降，其后，仍然保持高速增长，并且增长速度高于其他业务增长速度，到 2018 年，互联网保险指数达到 456.45。

互联网投资指数的样本期为 2014～2018 年。互联网投资指数在 2015 年呈现较高的增长速度，但是 2016 年增速明显放缓，这可能与 2014 年 P2P 网络借贷的迅速发展有关，到 2015 年 9 月出现部分平台"跑路"事件，这引起了监管层的重视，中国人民银行联合十部委发布了《关于促进互联网金融健康发展的指导意见》，银监会等部门发布了《网络借贷信息中介机构业务活动管理暂行办法》，监管政策和制度促进互联网投资健康。2017 年互联网投资指数增长较快。到 2018 年，互联网投资指数出现下降趋势，可能与宏观经济基本面增速放缓有关。

互联网支付指数的样本期为 2011～2018 年。其增长趋势与互联网金融指数相近，样本期内，保持持续稳定的增长，这表明我国第三方支付技术和市场的迅速发展。

互联网货币基金指数的样本期为 2013～2018 年。2013～2017 年，互联网货币基金指数保持持续的增长速度，从 2013 年的 45.55 增长到 2017 年的 244.07，增长了将近 4.36 倍，但增长速度逐年下降。2018 年，中国证券监督管理委员会与中国人民银行联合发布了《关于进一步规范货币市场基金互联网销售、赎回相关服务的指导意见》，在严监管的趋势下，互联网货币基金指数下滑到 212.73。

2011~2014 年互联网信贷指数在 70 左右水平，较为稳定，2015 年和 2016 年实现了快速增长，2017 年和 2018 年又呈现出缓慢的下降趋势。

2018 年我国互联网金融指数排名前十的城市如表 2-2 所示。由表 2-2 可知，排名前十的城市中只有武汉为中部城市，其余均为东部沿海城市。互联网金融发展指数排名第一的城市是杭州市，并且分业务来看，杭州市的互联网货币基金指数、互联网保险指数、互联网支付指数和互联网信贷指数均远远高于其他城市，居全国第一，成为互联网金融发展的领头城市。根据 2016 年杭州市国民经济和社会发展统计公报数据，杭州市全市信息经济实现增加值 2313.85 亿元，较前一年增长 25.0%。其中，全市互联网金融产业带来的增加值达到 326.17 亿元，增长率达到 33.5%。到 2018 年上半年，根据杭州市统计局发布的 2018 年上半年杭州市经济数据，杭州市信息经济实现增加值 1592 亿元，增长 14.7%，占 GDP 比重为 25.0%，比上年同期提高 0.2 个百分点。其中，电子商务、软件与信息服务产业增速均超过 20%。当地电子商务产业的快速发展促进了互联网金融的发展，同时杭州市云计算和大数据产业的兴起为互联网金融的发展提供了技术支持。

表 2-2 2018 年我国互联网金融指数排名前十的城市

排名	城市	互联网金融发展指数	互联网投资指数	互联网货币基金指数	互联网保险指数	互联网支付指数	互联网信贷指数
1	杭州市	302.98	262.34	305.52	657.61	435.84	184.55
2	上海市	291.44	281.21	286.62	622.6	351.47	179.16
3	深圳市	289.22	228.51	255.94	534.11	323.51	176.76
4	南京市	289.18	241.62	280.28	594.01	337.62	172.7
5	北京市	285.41	271.26	256.89	551.11	315.21	167.78
6	厦门市	284.91	233.95	264.54	582.86	332.06	175.78

续表

排名	城市	互联网金融发展指数	互联网投资指数	互联网货币基金指数	互联网保险指数	互联网支付指数	互联网信贷指数
7	广州市	282.66	233.23	259.54	600.29	331.21	174.84
8	苏州市	281.97	221.67	266.33	539.62	328.58	169.55
9	武汉市	281.64	231.51	277.17	571.44	344.87	173.29
10	常州市	279.53	233.34	271.21	559.66	315.97	169.34

珠三角地区的互联网金融发展水平较高。上海市的互联网金融发展指数排名第二位，并且其互联网投资指数位居全国第一，表明上海市的互联网投资水平较高，引领全国互联网投资的发展；南京市的互联网金融发展指数位居第四；苏州市和常州市的互联网金融发展指数挤进前十，分别位居第八和第十。

珠三角地区的深圳市和广州市排名分别为第三和第七。与其他业务相比，深圳市的互联网信贷发展较好，广州市的互联网保险业务发展水平较高。首都北京的互联网金融发展指数位居全国第五，北京市互联网投资业务发展较好，互联网投资指数达到271.26。紧随其后的是厦门市。中西部地区城市中，只有武汉市进入了前十，排名相对落后，位居全国第九。

为了比较互联网金融发展水平的地域差异，首先测度了我国31个省份的互联网金融发展指数（台湾地区数据缺失）。其中东部地区包括北京、天津、河北、辽宁、上海、江苏、浙江、福建、山东、广东、海南11个省（市）；中部地区包括山西、内蒙古、吉林、黑龙江、安徽、江西、河南、湖北、湖南9个省（市、自治区）；西部地区包括重庆、四川、贵州、云南、西藏、陕西、甘肃、青海、宁夏、新疆、广西11个省（市、自治区）。

首先，比较中东西部地区省份2011~2018年互联网金融发展水平。图2-2为2011~2018年我国中东西部地区省份互联网金融发展指数平均值的变化趋势。由图 2-2 可知，2011~2018 年，中国各地区的互联网金融发展均以较快的速度增长，中部地区 2011 年的互联网金融发展指数均值仅为 59.2，到 2018 年达到 327.8，增长了 5 倍多。西部地区 2011 年互联网金融发展水平均值仅为 27.8，到 2018 年增长超过 9 倍达到 281.2，但地区互联网金融发展水平差异较为显著。在样本期内的各个年份，东部地区省份互联网金融发展水平均值都明显高于中部地区和西部地区，而中部地区互联网金融发展水平明显高于西部地区，中部地区省份均值与东部地区省份均值的差距大于西部地区省份均值与中部地区省份均值的差距，中东西部地区省份均值之间的差异较为显著。

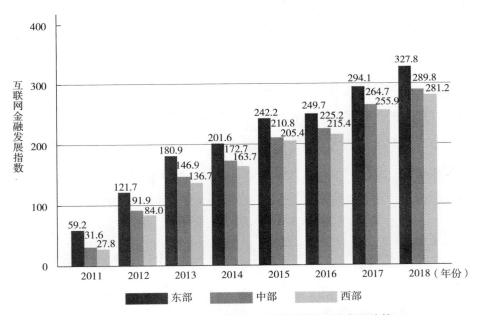

图 2-2　2011~2018 年中国不同地区互联网金融发展趋势

其次，考虑各地区城市互联网金融发展水平差异。测度数据包括我国 337 个城市 2011~2018 年互联网金融发展水平，其中包括东部地区 102 个城市，中部地区 116 个城市和西部地区 119 个城市。

分析东部地区城市互联网金融发展水平。从表 2-2 可知，东部地区互联网金融发展表现出向长三角和珠三角集聚的特征。因此，将东部地区102 个城市分为四大类，分别是长三角城市群、珠三角城市群、京津冀城市群和东部地区其他城市。长三角城市群包括上海市，江苏省的南京市、无锡市、常州市、苏州市、南通市、盐城市、扬州市、镇江市、泰州市，浙江省的杭州市、宁波市、嘉兴市、湖州市、绍兴市、金华市、舟山市、台州市，共 18 个城市，由于安徽省属于中部地区，此处没有包括安徽省的城市。珠三角城市群包括广州市、深圳市、佛山市、东莞市、中山市、珠海市、江门市、肇庆市、惠州市，共 9 个城市，由于香港特别行政区、澳门特别行政区数据缺失，没有包括在内。京津冀城市群包括北京市，天津市和河北省的石家庄市、唐山市、秦皇岛市、邯郸市、邢台市、保定市、张家口市、承德市、沧州市、廊坊市、衡水市，共 13 个城市。图 2-3 为东部地区城市互联网金融发展水平的比较。由图 2-3 可知，长三角城市群和珠三角城市群互联网金融发展水平远远超过京津冀城市群和东部地区其他城市。长三角城市群互联网金融发展平均水平略微超过珠三角城市群，近年来两者差距在慢慢扩大。京津冀城市群互联网金融发展平均水平较低，甚至低于东部地区其他城市的平均水平。以 2018 年为例，北京市和天津市的互联网金融发展水平虽然分别达到 285.4 和 251.2，但河北省的城市互联网金融发展水平较低，如衡水市、承德市和沧州市 2018 年互联网金融指数分别仅为 218.1、215.3 和 215.5，远远低于东部地区其他城市互联网金融发展的平均水平。因此，拉低了京津冀城市群互联网金融发展的平均水平。

　　图 2-4 为中部地区互联网金融发展水平最高的四个城市。由图 2-4 可知，中部地区互联网金融发展水平最高的四个城市均为省会城市，分别为武汉市、长沙市、合肥市和郑州市。2011 年，长沙市互联网金融发展水平

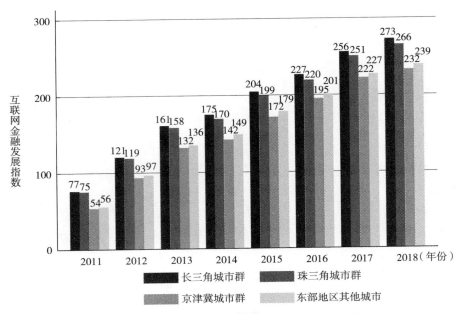

图 2-3   东部地区城市互联网金融发展水平的比较

为 79.34，明显高于武汉市的 76.19、郑州市的 71.76 和合肥市的 71.58，在中部地区排名第一位。2012 年，武汉市互联网金融发展赶上长沙市，基本与长沙市持平。2013 年，武汉市互联网金融发展水平超过长沙市，成为中部地区互联网金融发展水平最高的城市。到 2018 年，武汉市、郑州市和合肥市互联网金融发展水平均超过长沙市。

西部地区城市互联网金融发展水平的比较如图 2-5 所示。由图 2-5 可知，西部地区互联网金融发展水平最高的三个城市均为省会城市，分别是成都市、昆明市和西安市。其中，成都市互联网金融一直保持较高水平，高于昆明市和西安市。西安市互联网金融发展水平略高于昆明市。并且，三个城市的互联网金融发展水平均远远高于西部地区其他城市的平均值，这表明，西部地区城市互联网金融发展水平的城市差异较为显著。

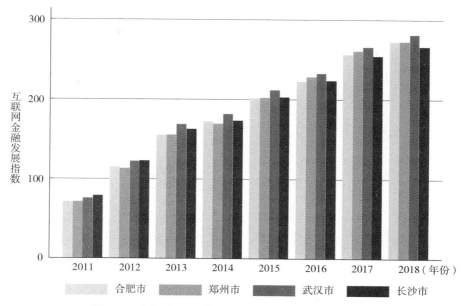

图 2-4　中部地区互联网金融发展水平最高的四个城市

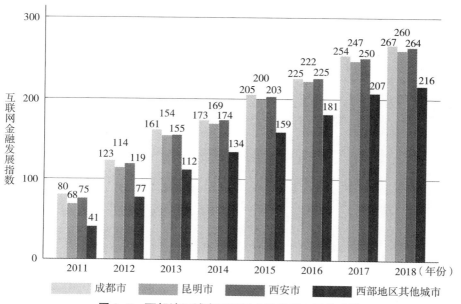

图 2-5　西部地区城市互联网金融发展水平的比较

三、我国 P2P 网络借贷发展现状

1. P2P 网络借贷现状

2007 年，我国第一家网络借贷公司成立。2007~2010 年是我国 P2P 网络借贷平台发展的市场导入时期，市场上平台数量较少（柏亮和李耀东，2015）。图 2-6 描述了我国 2010~2017 年网络贷款平台数量变化。如图 2-6 所示，2010 年以后，平台数量迅速增长，尤其是在 2013 年以后，平台数量激增，到 2015 年我国 P2P 网络借贷平台数量达到 3433 个。根据中国产业信息网的数据，2016 年全年网络贷款行业成交量达到了 20638.72 亿元，相比 2015 年全年网络贷款成交量（9823 亿元）增长了 110%。同时，网络贷款平台跑路、倒闭、自融、诈骗、非法集资等各种问题开始凸显，P2P 网络贷款行业风险集中爆发。为加强对网络借贷信息中介机构业务活动的监督管理，中国银行业监督管理委员会、工业和信息化部、公安部、国家互联网信息办公室于 2016 年 8 月制定了中国银行业监督管理委员会 2016 年 1 号令，即《网络借贷信息中介机构业务活动管理暂行办法》。该办法对网络贷款平台的备案和管理、出借人和借款人的利益保护和信息披露等方面做出了明确的规定，并且列出了十三条负面清单，明确了监管红线，并要求地方金融监管部门对网络借贷信息中介机构进行整改，规定整改期限不超过 12 个月。随后，相关监管部门陆续出具了行业监管细则，开始加强对网络贷款行业的监督管理，防范行业风险。因此，2016 年网络贷款平台数量与历年增长的态势相反，开始急剧下降，到 2016 年我国停业的网络平台数量达到 985 个。截至 2017 年底，全国网络借贷行业正常运营平台数量达到了 1931 家，相比 2016 年底减少了 517 家。从地域分布来看，主要分布在 30 个省份，北上广正常运营数量仍排名前三。其中广东省正常运营平台最多，有 410 家，同比减少 75 家；北京正常运营平台有 376 家，较

2016 年同期减少 87 家；上海正常运营平台有 261 家，同比减少 22.32%；浙江省紧随其后，正常运营平台数量为 233 家，同比减少 43 家。这四个省市正常运营平台数占全国同期正常运营平台总数的 66.29%。由此可见，目前我国网络借贷行业平台的地区集中度相对较高。

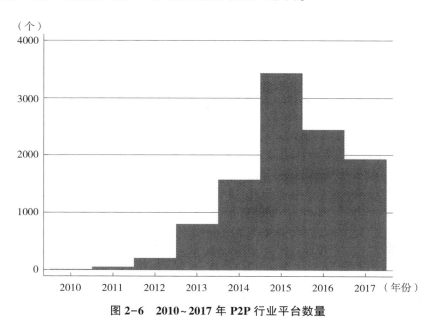

图 2-6　2010~2017 年 P2P 行业平台数量

资料来源：中国产业信息网。

2. 网贷平台发展模式

根据 P2P 网络借贷参与者网络借贷担保的程度不同，P2P 网络借贷平台借贷模式可以分为三类，分别为纯平台借贷模式、保证本金模式和债权转让模式。

在第一类模式中，平台的本质是信息中介，其作用是为投资人和借款人提供信息发布的渠道，从而达成出借或者借款的意愿，在这种纯平台的模式中，网络借贷平台不承担任何担保责任，不为投资人的任何行为负责。此类网络贷款平台以美国 Lending Club 平台和国内的"拍拍贷"平台为代表。

本书实证分析中运用的网络借贷平台数据主要来源于"拍拍贷"平台。"拍拍贷"平台的主要运用模式是：第一步，借款人需要在平台审核。借款人主动上传个人的身份证信息、工作证明信息、人民银行征信报告和学历证书信息等一系列材料，由平台后台工作人员审核通过。第二步，通过个人信息审核的借款人可以发布借款需求，公布个人借款数量、还款期限和利息等信息，平台根据借款人上传的个人信息和其他相关大数据资料，运用模型评估借款人个人信用的魔镜等级，根据信用水平由高到低分为 AAA、AA、A、B、C、D、E 和 F 八个等级。同时平台还会披露借款人个人特征信息，如性别、年龄、婚姻状况、学历等，同时披露借款人在平台借款的历史信息。第三步，投资者可以根据平台披露借款人信息进行筛选，做出个人的投资决策。我国国内网络借贷平台大部分采用"All or Not"的融资规则，即如果所有投资人对该借款项目投资总额没有达到目标融资金额，为项目融资失败，所有已经划转到平台账户的资金全部退还到投资人账户。第四步，如果所有投资人投资总额一旦达到融资目标，项目融资结束，借款人借款成功，需要在接下来的还贷期内按期还贷。"拍拍贷"这种纯线上的运作模式，平台本身不参与网络借贷，并且不为贷款提供任何形式的担保，只是作为信息匹配和支付工具的功能，平台交易的风险由投资者个人承担。因而，纯平台的模式是最能体现互联网金融去中介化特点的模式，平台交易成本最低，并且平台承担的风险较小。

第二类模式是以"人人贷"和"红岭创投"为代表的保证本金（本息）模式（李梦然，2014）。与纯平台的线上模式相比，这种模式的特点是为借款人的本金和利息提供担保，降低了投资人的风险，增加平台吸引力。《网贷管理暂行办法》出台之前，大多平台均采用此种方式，其中平台保本、保息的资金一方面是来源于合作的担保机构，另一方面是来源于平台自身提供的风险保证金。对于担保机构，部分平台采用由第三方担保机构进行担保的方式，但也发现有部分担保机构与平台实际上属于关联方，这就产生了平台自己为自己担保的情况，存在较高风险。平台中的风险保证金并未真正出具资金来源，据相关调查数据，不少P2P平台为了保障投资者的本息来吸引投资者，大多会运用自有资金作为担保，或运用设立风险保险金的方式来进行保本保息。这说明实际上平台已经进入到了借贷过程中，即该类模式下的平台不但具有中介职能，而且还具备了担保功能，这也是多数平台采用的模式。"红岭创投"就是典型的采用本金（本息）模式的借贷平台，尽管它的一系列运用方法和前文所述的"拍拍贷"类似，但创新之处在于采用线上加线下的资料审核方式，能够更为准确地掌握借款人信息。《网贷管理暂行办法》颁布后，这一做法被明令禁止，但监管层仍鼓励网贷平台引入第三方机构担保或者与保险公司开展相关合作，来保障投资人的本金和利息。

第三类模式是债权转让模式。我国网贷平台常见的债权转让业务模式主要包括普通债权转让、投资人债权变现、专业放贷人三种（田路平，2017）。在普通债权转让业务模式中，原债权并非是通过网贷平台形成的，网贷平台仅起到债权转让信息中介的作用。而投资人债权变现模式中，平台投资者将自己投资的尚未到期的债权通过平台转让给其他投资者，将债权变现。专业放贷人债权转让模式中借贷双方并不直接出面签订借贷合约，大多为P2P企业的股东或法人，由其先行发放贷款，并与借款人协定借款协议，同时，平台与借款人签订咨询服务协议，注明平台在交易中的中介性质，并明确收费详情及标准。然后，特殊出借人再进行债权转让，与投资人签订债权转让协议，从而实现借款人与投资人借款及投资的意愿。与前两种模式相比，专业放贷人业务模式风险较大。它在期限错配、自融资等方面具有更高的风险，并且透明度较低。2016年颁布的《网络借贷信息中介机构业务活动管理暂行办法》规定，禁止 P2P 平台开展类资产证券化业务或实现以打包资产、证券化资产、信托资产、基金份额等形式的债权转让行为。同时，线下门店、线下宣传、推介融资以及混业经营和证券化等行为，也都是禁止的。在该模式下运营的平台，应根据具体政策，逐步关闭线下门店，并进行整改。

四、我国众筹发展现状

1. 众筹的发展概况

全球最早的众筹网站是 ArtistShare，它的主要服务对象是音乐界的艺术家和粉丝，它不仅深刻地影响了音乐界，而且开启了互联网众筹时代。2005 年之后，全球众筹平台如雨后春笋般涌现，例如 IndieGoGo、Kickstarter 和 Sellaband 等。众筹融资模式起源于众包模式。众包是有效利用社会闲置资源，发掘项目潜在参与者各自的技能和知识，共同完成一个项目。众筹与众包的区别在于，众包有效发掘参与者的技能，而众筹是有效利用大量潜在消费者的闲置资金。

我国众筹平台虽然起步较晚，但发展速度较快。根据智研咨询发布的《2016-2022 年中国众筹行业研究及行业前景预测报告》数据，2011 年我国仅成立了四家众筹平台。据不完全统计，截至 2015 年 12 月 31 日，我国互联网众筹平台（不含港澳台地区）至少有 365 家，其中 2015 年上线的平台有 168 家，较上年小幅增长 7.0%。据众筹家旗下人创咨询统计，截至 2017 年底，全国共上线过众筹平台 834 家，其中正常运营的为 294 家，下线或转型的为 540 家。由此可见，超过一半的众筹平台被迫转型或下线。2017 年全年共有 76670 个众筹项目，其中成功项目有 69637 个，占比 90.83%。2017 年全年成功项目的实际融资额约为 260 亿元，比 2016 年成功项目融资额增加了 42.57 亿元，同比增长 19.58%。可见虽然众筹平台数量并不可观，但从融资规模上看，众筹行业整体发展相对稳健，发展态势良好。

2. 众筹模式

根据众筹中回报的类型，通常将众筹分为商品众筹、非公开股权融资（股权众筹）、综合型众筹和公益众筹等类型。我国现有众筹平台中，商品众筹平台和股权众筹平台占据众筹市场的主体地位。

在商品众筹中，投资者投资项目的回报为具体的商品。我国早期的商品众筹平台有点名时间、众筹网等，后来的淘宝众筹和京东众筹中大部分项目也是商品众筹。后文的实证研究部分选取我国最早一批商品众筹平台——众筹网的数据。简要介绍商品众筹融资的模式。第一，项目发起人将众筹项目提交众筹平台进行审核。众筹项目信息中包括众筹项目基本介绍、项目融资金额、项目的回报方式等。第二，众筹平台对发起人身份进行确认，并对项目申请进行审核。同时分析项目的可行性。第三，如果项目申请审核通过，项目发起人可以在众筹平台向潜在投资人发布自己的项目信息，并且可以通过众筹平台与潜在的投资者进行交流，众筹平台的潜在投资人可以根据自身需求进行项目筛选做出投资决策。第四，与P2P网络借贷类似，如果在项目融资的截止时间之前，项目没有达到融资目标，则融资失败。如果达到融资目标，则项目融资成功。第五，项目融资成功之后，项目发起人运用众筹所得的资金进行项目运营，并可以在众筹平台跟踪披露项目进展的信息。众筹平台确保资金合法经营，投资人可以对项目进展实施监督并获得约定的项目回报。

在股权众筹中，项目回报为项目的股权。通常来讲，相对于商品众筹而言，股权众筹对投资者的资产要求较高，投资金额也远远超过商品众筹。国内的股权众筹平台有天使汇、大家投等。公益众筹平台是指出于公益目的，帮助项目发起人筹钱，没有经济上的项目回报，如轻松筹。综合型众筹是指某些众筹平台上既有商品众筹项目，又有股权众筹项目或者公益众筹项目。

第三节
全球视域下我国互联网金融的发展

北京大学数字金融研究中心黄益平和黄卓指出，互联网金融这一概念与金融稳定理事会（Financial Stability Board）定义的"金融科技"（通过技术手段推动金融创新，形成对金融市场、机构及金融服务产生重大影响的商业模式、技术应用、业务流程和创新产品）基本相似（黄益平和黄卓，2018）①。从直观上理解，金融科技突出技术特性，互联网金融强调互联网公司运用技术创新从事的金融业务。因此，全球金融科技的发展能较好地反映全球互联网金融的发展现状。

一、全球互联网金融的发展

近年来，全球金融科技投资增长迅猛。根据艾媒咨询数据，2010～2018年上半年全球金融科技投资如图2-7所示，从2010年到2013年，虽然全球金融科技投资笔数从319笔增长到818笔，但总投资金额增长幅度较小。2014年开始，全球金融科技投资金额和笔数均实现高速增长，在2015年达到了顶峰。2015年全球金融科技投资笔数达到了1255笔，投资总金额达到12550亿美元。而2015年后，全球资本市场对金融科技的投资热情有所减弱。2016年和2017年投资金额分别下降至250亿美元和200亿美元。2018年开始，全球金融科技投资额激增，仅2018年上半年，全球

---

① 黄益平，黄卓. 中国的数字金融发展：现在与未来[J]. 经济学(季刊)，2018，17(4).

金融科技投资额就达到 580 亿美元左右。

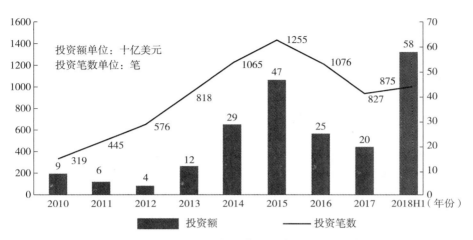

图 2-7　2010~2018 年上半年全球金融科技投资

资料来源：PitchBook、艾媒咨询。

毕马威发布的《金融科技脉搏-2019 年下半年》报告（*The Pulse of Fintech H2 2019*）显示，相比 2019 年上半年，2019 年下半年行业整体投资热度提升。2019 年全球范围内金融科技领域投资额达 1357 亿美元，涉及 2693 宗投资交易。同比 2018 年下半年，全球金融科技领域投资总额有所提升，未来增长势头依然强劲。

根据该报告，在 2019 年，美洲的金融科技投资较为强劲。美国金融科技在并购、风险投资和私募股权领域的总投资额创下 598 亿美元的年度新纪录。其中 Fiserv 以 220 亿美元收购支付处理公司 First Data，推动了年度金融科技领域投资总额的强劲增长。2019 年欧洲金融科技投资总额猛增，主要是由于当年 7 月 FIS 收购了 Worldpay，交易额达 425 亿美元。金融科技在欧洲诸多国家蓬勃发展的创新生态系统、金融科技产品范围的扩大，以及全球投资者日益增长的兴趣，将有助于激发投资者在欧洲地区的投资。亚太地区投资趋势在经历了第三季度的降温后重归强劲势头，在第四季度达到了 41 亿美元的总投资交易额，但亚洲市场在 2019 年全年金融科技领域投资交易总额略逊于 2018 年。亚太地区的十大交易包括来自 5 个不同国家及公司，除了来自中国的三笔交易之外，其他交易分别是来自澳大利亚的两笔交易（Property Exchange Australia：12 亿美元；Judo Capital：2.8 亿美元），韩国的两笔交易（Lotte Insurance：3.3 亿美元；Blockchain Exchange Alliance：2 亿美元），越南的一笔交易（Vietnam Payment Solution：3 亿美元），印度的两笔交易（Paytm：17 亿美元；Policy Bazaar：2.38 亿美元）。

二、全球视域下我国互联网金融行业发展现状

手机和互联网是互联网金融服务提供的必要平台。例如，基于文本的移动电话使得人们可以更加便捷地管理自己的金融账户，而智能手机技术为人们提供了一种方便的手段，使人们可以通过其进行金融机构账户交易。根据 2017 年盖洛普世界民意调查数据（2017 Gallup World Poll），在高收入经济体中 93% 的成年人有自己的手机，而发展中经济体中仅有 79% 的成年人拥有自己的手机。中国的成年人手机拥有率为 93%，巴西为 85%，印度的数值仅为 69%。由此可以见，中国较好的移动互联网设备条件为互联网金融发展提供了较好基础。

通常认为金融科技的三大核心市场为美国、英国和中国。根据《金融科技脉搏-2019 年下半年》的报告，在经历了 2018 年金融科技领域投资交易市场的猛增后，2019 年的中国金融科技投资热度稍有降温，但中国金融科技领域投资交易市场依然十分活跃。中国企业继续位处亚太地区最大金融科技领域交易市场之列。

受益于过去几年的投资增长和巨额交易，中国数字支付行业发展成熟度已显著提高。根据世界银行提供的全球金融普惠数据（Global Findex Database），绘制 2017 年高收入国家和发展中国家使用数字支付的占比如图 2-8 所示（该数据库中与互联网金融相关数据详见附录二）。根据该数据统计，在高收入国家的问卷调查参与者中，51% 的成年人（55% 的账户拥有者）在 2017 年至少使用手机或者互联网进行过一次金融交易。由图 2-8 可知，高收入经济体中，数字支付的使用存在较大的差异。挪威的问卷调查参与者中，在 2017 年至少使用手机或者互联网进行过一次金融交易的占比为 85%，而日本和意大利占比仅为 33% 和 22%。就发展中国家而言，问卷调查参与者中，在 2017 年至少使用手机或者互联网进行过一次金融交易的占比为 19%（30% 的账户拥有者），中国的占比为 49%，远远高于发展中国家平均值。2018 年和 2019 年，数字支付投资快速增长，中国数字支付使用者占比亦快速增长。

但中国互联网金融中存在欠成熟的领域，如小额融资和消费金融。根据毕马威发布的《2019 上半年全球金融科技投资趋势报告》，在科技层面上，中国的人工智能、云端服务方案、大数据和区块链技术亦吸引到浓厚的投资兴趣。区块链有望吸引更多金融科技投资者关注，尤其是在小额融资领域。此外，预计人工智能、大数据及云端服务将保持对投资者的吸引力，受到中央政府及省政府高度重视的金融监管科技将持续获得投资增长。随着这些新兴金融科技持续加速发展，预计中国的金融科技投资将会回升。

三、全球视域下我国互联网金融企业发展现状

根据毕马威（KPMG）和金融科技投资公司 H2 Ventures 联合发布的 2019 年全球金融科技 100 强榜单（Fintech 100），全球首屈一指的 50 家金融科技公司 Leading 50 和 50 家"明日之星"Emerging 50 的数据整理分别如表 2-3 和表 2-4 所示。前者以创新能力、资金筹集、企业规模和影响范围为标准，后者则普遍处于创新技术前沿，并致力于追求全新的业务模式。

高收入经济体

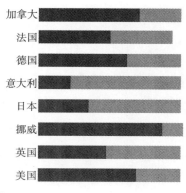

发展中国家

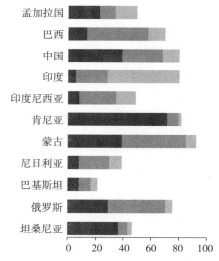

图 2-8 2017 年部分高收入国家和发展中国家使用数字支付的占比

资料来源：The Global Findex Database 2017。

从业务来看，支付企业在榜单中依旧占据主导，有 27 家公司上榜，其次是 19 家上榜的理财公司，17 家上榜的保险公司，15 家上榜的借贷企业和 13 家拥有多种金融服务的"多业务"公司。相比 2018 年，2019 年上榜的支付企业和信贷企业数量有所下滑，而理财公司、保险公司和"多业务"公司的表现则更加强劲。

表 2-3　2019 年全球金融科技 100 强榜单 Leading 50

排名	企业	国家	排名	企业	国家
1	Ant Finance（蚂蚁金服）	中国	26	Revolut	英国
2	Grab	新加坡	27	Monzo	英国
3	JD Digits（京东数字科技）	中国	28	Banco Inter	巴西
4	GoJek	印度尼西亚	29	Toss	韩国
5	Paytm	印度	30	Wealthsimple	加拿大
6	Du Xiaoman Finance（度小满金融）	中国	31	Affirm	美国
7	Compass	美国	32	Airwallex	澳大利亚
8	Ola	印度	33	Judo Capital	澳大利亚
9	Opendoor	美国	34	Coinbase	美国
10	OakNorth	英国	35	WeLab	中国
11	Lufax（陆金所）	中国	36	MoMo	越南
12	Klarna	瑞典	37	Kreditech	德国
13	N26	德国	38	Liquid	日本
14	Robinhood	美国	39	Neyber	英国
15	SoFi	美国	40	Singlife	新加坡
16	Nubank	巴西	41	Creditas	巴西
17	TransferWise	英国	42	Bankera	立陶宛
18	OneConnnect（金融壹账通）	中国	43	Kabbage	美国
19	Clover Health	美国	44	Raisin	德国
20	Oscar Health	美国	45	Metromile	美国
21	Policy Bazaar	印度	46	OurCrowd	以色列
22	Atom Bank	英国	47	AfterPay Touch	澳大利亚
23	Lendingkart	印度	48	Collective Health	美国
24	Stripe	美国	49	Folio	日本
25	Lemonade	美国	50	ZhongAn（众安保险）	中国

从上榜互联网金融企业的地域分布来看，亚太地区（包含澳大利亚与新西兰）的企业表现突出，共有 42 家企业上榜。在 Leading 50 的企业中，美国金融科技企业有 13 家上榜，英国上榜企业 6 家。中国企业有 7 家上榜，分别是蚂蚁金服（Ant Financial）、京东数字科技（JD Digits）、度小满金融（Du Xiaoman Finance）、陆金所（Lufax）、金融壹账通（OneConnnect）、WeLab 和众安保险（ZhongAn）。蚂蚁金服占据榜首，京东数字科技和度小满金融位列前十。在"明日之星"Emerging 50 的榜单中，英国具有发展潜力的互联网金融企业有 5 家，美国有 2 家。中国拥有巨大发展潜力的互联网金融企业有 3 家，分别是宝泰人寿（Bowtie Life Insurance）、妙盈科技（MioTech）、OneDegree。由此可见，中国互联网金融企业在世界金融科技发展中占有重要地位。

表 2-4　2019 年全球金融科技 100 强榜单 Emerging 50

企业	国家	企业	国家
Acko General Insurance	印度	Moin	韩国
Alpaca Japan	日本	Moonshot-Internet	法国
Arbor	西门子	Multiply	英国
Athena Home Loans	澳大利亚	Mylo	加拿大
Banked	英国	Namaste Credit	印度
Billie	德国	Next Insurance	美国
Binance	马耳他	Oko Finance	以色列
Bnext	西班牙	Omni：us	德国
Bowtie Life Insurance（保泰人寿）	中国	OneDegree	中国
Cashlez	印度尼西亚	Open	印度
Clik	柬埔寨	Papara	土耳其
daisee	澳大利亚	Paystack	尼日利亚
Dether	法国	PolicyPal	新加坡

续表

企业	国家	企业	国家
Finanbest	西班牙	Rebel	巴西
Finhay	越南	Rundit	芬兰
FlexiLoans	印度	Sempo	澳大利亚
ForwardLane	美国	Silot	新加坡
Habito	英国	Simply	英国
InvestSuite	比利时	Slyp	澳大利亚
Inviou	以色列	Spendesk	法国
Latipay	新西兰	Tokeny Solutions	卢森堡
Lunchr	法国	Toranotec	日本
Masii	泰国	TrueLayer	英国
MenaChain Solutions	阿联酋	Uala	阿根廷
MioTech（妙盈科技）	中国	Yields. io	比利时

互联网金融投资者行为变化研究

第一节
羊群行为和旁观者行为

传统金融理论的经典假设之一是投资者是完全理性的，完全理性的投资者根据个人效用最大化原则进行投资决策，但这无法解释资本市场上出现的金融异象。因此，研究者开始从行为金融学的角度考察和分析投资者行为，理论和实证研究均表明资本市场上投资者表现出有限理性的投资行为。有限理性投资行为的典型代表是非理性的羊群行为。

一、羊群行为

羊群行为最早是凯恩斯在其著作《就业、利息和货币通论》中提出的。凯恩斯认为，个人的大多数决策不是基于冷静的理性计算，而是出于受一种"动物精神"的驱使："关于结果要在许多天后才能见分晓的积极行动，我们的大多数决策很可能起源于动物的本能——一种自发的而不是无所事事的冲动。"凯恩斯的"动物精神"打破了传统的经济学思维方式，强调经济行为的社会心理学基础，并揭示了不完全理性行为的心理原因。他认为，相对于其他市场领域，金融市场参与者的决策基础更为脆弱。一方面，这类市场参与者的行为带有很强的投机性质。另一方面，他们为应对不确定性所遵循的"成规"更为脆弱，更容易受"动物精神"的支配。在这种市场中，"动物精神"发挥得淋漓尽致：当行情好时，大家信心高涨，认为股票会一直涨下去，都愿意进行购买，于是推动着股价强劲上升；一旦信心丧失，大家对未来转为悲观情绪，那么，就会转变为都不敢买，从而推动股价猛跌。由此，带来股票市场内在的极大不稳定性。羊群式的从众心理就是"动物精神"的体现。

羊群行为是指在拥有私人信息和其他人决策信息的基础上，个人决策者放弃自己拥有的私人信息而模仿或者跟随其他人进行决策的行为。大量的理论和实证研究已经表明我国传统资本市场投资者表现出显著的羊群行为。期货市场方面，田利辉等（2015）研究了 2003～2015 年我国 27 种上市的大宗商品合约的期货市场日频交易数据，发现我国大宗商品市场在一般波动状态中的羊群行为，在低波动率区间，我国商品期货市场存在显著的羊群行为，在市场下跌时，交易者更容易跟风抛售。股票方面，陈浩（2004）对沪深两市投资基金的研究发现我国股票市场机构投资者表现出显著的羊群行为；伍旭川和何鹏（2005）对中国开放式基金的投资组合数据进行分析，发现中国开放式基金在股票市场上存在较强的羊群行为，这种较强的一致性交易行为对股票价格形成了一定的影响；汤长安和彭耿（2014）对中国基金羊群行为水平的研究发现，相对于国外发达的资本市场，中国基金表现出较高的羊群行为水平。

从众式的羊群行为会导致市场齐涨共跌，带来市场的剧烈波动。期货市场方面，西方学者认为，羊群行为是 2008 年次贷危机期间原油与食品等大宗商品价格暴跌的原因之一。股市的研究也表明，机构投资者的羊群行为提高了公司股价未来崩盘的风险。部分学者提出，羊群行为是金融危机爆发的导火索。这种跟风式的羊群行为会导致资产价格与其基础价值偏离，产生市场系统风险。商品市场的资源优化配置功能弱化，金融问题日益突出。

羊群行为产生的主要原因是资本市场上存在严重的信息不对称。相比于国外发达的资本市场，我国资本市场起步晚，发展程度较低，市场上信息不对称程度高，同时投资者金融知识欠缺并且金融风险识别能力较差，投资者更容易表现出从众的羊群行为。大量的理论和实证研究已经表明我国传统资本市场包括基金市场、股票市场和期货市场上投资者表现出显著的羊群行为。然而，现有文献对传统资本市场投资者行为研究形式比较单一，仅仅考虑投资者是否存在羊群行为，而尚未分析投资者行为的动态变化。那么，新型资本市场众筹市场上投资者行为存在哪些特征？投资者行为的这些特征是否会随项目融资进程的推进而变化？对这些问题的研究对于降低我国互联网金融市场风险，稳定互联网金融市场具有重要意义。

二、旁观者行为

"旁观者行为"的研究源于对行为人在应对紧急情形时的责任扩散行为研究，后来的行为心理学等研究发现旁观者行为不仅出现在紧急情形中，也会出现在非紧急情形中，如在有人敲门时，房间里的人越多，每个人意识到自己需要去开门的责任感越弱。并且这种责任扩散心理会出现在任何年龄层次的行为人中。在以互联网为媒介的交流中，每个行为人均可能意识到可以采取行动的个体数量十分庞大。因此，每个行为人的责任感会减弱。Barron 和 Yechiam（2002）研究发现，私人求助的电子邮件中抄送的人数越多，收到邮件的个体回复该邮件的意愿越小。Markey（2000）的研究表明，在线聊天群组里的人数越多，得到帮助所需要的时间越长。Voelpel 等（2008）运用由 Yahoo! Groups 成员组成的庞大的虚拟社交网络研究责任扩散现象。他们发现一个求助帖得到回复的概率以及回复的质量与该群的规模呈现显著的负相关关系：与小群体相比，大群体对求助帖及时给予回复并且回复对求助帖有所帮助的概率更小。

Latane 和 Darley（1970）提出旁观者的决策模型。首先，旁观者需要意识到存在一个需要其采取行动提供帮助的事件，从而产生心理上的个人责任感。其次，旁观者必须拥有帮助该事件的能力。最后，旁观者进行决策，采取行动或者不行动的策略。这个看似线性的决策过程，在任何一个程序中都有可能出现反复，如在决策是否采取行动的过程中又回到判断自己是否有能力提供帮助的决策中。因此，旁观者决策模型是一个反复的决策模型。旁观者进行决策思考和反应的时间越长，其采取支持策略的可能性越小。

在个体决策中，羊群行为与旁观者行为表现出相反的决策行为。现有对传统资本市场研究主要集中于投资者羊群行为的考察，鲜有研究探讨投资者的旁观者行为，究其原因在于传统资本市场，投资者决策的依据是投资者收益最大化，缺乏旁观者行为的决策依据。但是在众筹市场上，特别是产品众筹或回报众筹市场上，投资者即认筹者的效用不仅取决于投资收益，并且取决于认筹者的"团体利益"（Tapping）。例如，众筹网上某些农产品众筹中，由地方政府官员发动农产品众筹，项目众筹成功时，认筹者可以获得认筹的农产品，并且项目获得的认筹资金部分用于支持当地科学、教育和卫生等方面的建设，如在农村偏远地区修建留守儿童图书馆等。此时，认筹者在消费农产品中提高个人效用，同时通过小额投资帮助该项目获得成功，成为帮扶偏远农村地区建设"团体"中的一员，提升个人价值感和幸福感，从而实现个人效用。当投资者认为对该项目关注和浏览的人数较多，不需要自己的认筹项目也能获得成功融资时，投资者可能会不认筹该项目。这就表现出由于"责任扩散效应"引致的旁观者行为。因此，在对众筹市场投资者行为的考察中不仅要分析投资者的羊群行为，也要考虑投资者的旁观者行为。

三、文献综述

众筹是指融资者通过互联网而非标准的金融中介、面向广泛的投资人以产品回报、利息回报或者股权回报的方式进行融资的模式。根据回报类型，众筹可以分为产品众筹、P2P 网络借贷和股权众筹三种模式。产品众筹又称回报众筹。P2P 网络借贷为债权众筹。我们研究的对象为产品回报众筹。梳理国内外相关文献发现，国内外学者对众筹市场上投资者行为特征分析尚未形成一致结论。一方面，部分学者认为众筹市场上投资者存在显著的羊群行为。如 Eunkyoung 等（2012）和廖理等（2015）对 P2P 网络借贷平台上投资者行为研究发现债权众筹市场上投资者羊群行为较为显著。Agrawal 等（2011）研究音乐众筹平台 Sellaband 中投资者行为发现，认筹者认筹已达到认筹目标金额 80% 项目的概率是认筹仅达到目标金额 20% 项目的两倍，表现出跟风认筹的行为。李晓鑫和曹红辉（2016）对国内众筹平台点名时间的实证研究表明众筹投资人存在羊群行为。另一方面，后来学者发现已有投资者的投资行为对后来的认筹者的投资决策有消极的影响，投资者表现出旁观者行为。Kuppuswamy 和 Bayus（2018）对美国最大的创意项目众筹平台 Kickstarter 的交易数据研究后发现，增加的认筹者数量与已有认筹者的数量呈负相关。Burtch 等（2013）通过研究新闻众筹项目市场发现，项目平均每天已获得融资金额对项目当天获得的融资金额有消极而显著的影响。旁观者行为体现出一种常见的社会心理现象。它是指在突发性的事件中，旁观者的数量越多，每个人袖手旁观的可能性越大，那么个人获得救助的可能性越小。这种心理现象也出现在非紧急情况中。综上，现有对众筹市场上投资者行为研究均从静态视角分析，而少有研究分析在众筹项目融资进程中，投资者行为特征的动态变化。事实上，随着融资进程的推进，发起人跟进项目信息的披露缓解了市场上的信息不对称。同时项目浏览的旁观者人数增加均会对投资者心理产生影响，进而使投资者行为特征发生变化。因此，投资者行为特征表现出随融资进程推进而变化的动态特征。

鉴于此，本章运用我国众筹平台"众筹网"从 2014 年 12 月到 2015 年 2 月的交易数据，借鉴 Herzenstein 等（2011）的研究方法分析了我国众筹市场上投资者在不同筹资阶段行为特征的变化。首先，借助"众筹网"交易数据，刻画出众筹项目平均每天的认筹人数随融资期限变化而变化的曲线图。图形整体分布呈现"之"字状，这与根据美国众筹市场数据描绘出的"浴缸曲线"大相径庭。在融资早期，我国众筹市场上出现认筹者数量递增的态势，而这种态势没有出现在美国众筹市场上。在融资晚期，我国众筹市场上也没有出现美国众筹市场上出现的"截止日期效应"（Deadline Effect）。进一步地，为了检验我国众筹市场上投资者行为的动态变化，我们将融资期限分为融资早期、融资中期和融资晚期，运用固定效应模型实证检验我国众筹市场上，在融资早期由于信息不对称和不透明导致投资者的羊群行为，在融资中期和晚期由于"责任扩散效应"引致的旁观者行为。其次，为了进一步检验项目异质性对投资者行为的影响，我们选取项目描述视频作为信息不对称的代理变量，考察了信息不对称程度较低项目和信息不对称程度较高项目中投资者的行为差异，发现信息不对称程度低的项目投资者在融资早期的羊群行为不显著，在融资晚期的旁观者行为相对较弱。

本章可能的研究贡献有：第一，分析了我国众筹市场上投资者交易行为的动态变化。在项目融资期限内，随着项目信息披露增加，信息不对称程度缓解，投资者的决策行为发生显著变化。而现有研究一般认为"羊群效应"存在或不存在，鲜有文献考虑在项目的不同时期投资者的心理变化和决策行为的变化。第二，将投资者行为问题的研究扩展到众筹市场，而传统的投资者行为研究集中于传统资本市场。第三，在研究信息不对称对投资者行为动态影响的基础上，进一步考虑项目异质性因素对投资者行为动态变化的影响，一定程度上弥补了现有研究的不足。

第二节
理论基础和研究假说

一、羊群效应

在众筹市场上，项目产品质量是由项目发起人控制的外生事件，发起人拥有产品质量的私人信息。为了获得更多的融资，发起人有隐藏产品质量不确定性风险信息的动机，从而造成众筹市场上发起人和潜在认筹者之间的信息不对称。考虑到信息的获取成本，大众认筹者更偏好"搭便车"行为，这会加剧市场上的羊群行为。而在项目发起的早期，项目被浏览的次数较少，获得的关注相对较少，认筹者认筹该项目的责任感相对较强，受"旁观者效应"的影响较小。因此，在融资的早期，"羊群效应"的影响超过"旁观者效应"，投资者表现出显著的羊群行为。

根据羊群行为理论，金融市场监管水平和信息披露程度越高，投资者越成熟和理性；公司治理结构越完善，那么投资者的羊群行为倾向越低，反之越高。从监管水平来看，我国的互联网金融市场监管环境相对较宽松。美国在监管制度的完善性方面明显优于我国。早在 2012 年美国国会就通过了《初创期企业推动法案》（简称"JOBS 法案"），正式将众筹这一融资模式合法化。为进一步规范众筹市场，2013 年 10 月美国证券交易委员会发布了针对众筹的监管新规。而我国的众筹政策监管一直不明确，直到 2015 年 7 月才出台《关于促进互联网金融发展的指导意见》，而专门针对商品众筹的监管规则尚未出台。我国众筹市场上不完善的法律约束使得融资人的违约成本较低，以至于出现众筹欺诈和跑路等问题。基于诸多不确定性风险考虑，我国众筹市场上缺乏经验的大众认筹者往往选择跟随其他认筹者的决策行为进行决策。因此，在我国众筹市场上融资早期投资者出现羊群行为的可能性较大。

从信息披露程度来看，一方面，我国众筹平台强制要求项目发起人披露的个人信息数量相对较少。国外众筹平台如美国最大的众筹平台 Kickstarter 要求融资者即众筹项目发起人披露个人的网络社交信息，如在项目介绍页面披露项目发起人的 Facebook 主页并披露其朋友数量信息。Zheng 等（2014）的研究表明项目发起人的网络社交关系对项目的融资表现有显著的积极影响。在社交网络迅速发展的时代，发起人社交网络信息的公开能在一定程度上保证项目信息的真实性和有效性，从而缓解项目发起人与认筹人之间的信息不对称，为降低发起人的道德风险提供保障。而这一信息披露制度并未出现在国内众筹平台。因此，信息不对称严重的国内众筹市场上羊群行为出现的概率更大。另一方面，随着融资时间的推进，发起人逐步更新项目进展的信息，并在评论页面与潜在认筹人进行信息交流和互动，可以使认筹人更好地认识项目的收益和风险，有效地缓解信息不对称。因此，随着融资时间的推进，信息不对称引致的羊群行为会逐渐减弱。据此，本书认为，在我国监管制度不完善的众筹市场上，项目融资的早期由于信息不对称较严重，认筹者会做出跟随已有投资者的决策行为，即表现出羊群行为。因此，提出研究假说 1。

假说 1：在众筹项目融资早期，项目已获得的认筹人数对当期获得的认筹人数有积极的影响。

二、旁观者效应

到融资中期，随着项目评论数量的增多，项目进展情况的跟进披露，信息不对称逐步减少，"羊群效应"逐渐变弱。随着项目进入融资中期，项目在网页被浏览的次数增加，融资金额也达到一定额度，认筹者主观上可能认为其他的投资者会认筹该项目，从而帮助该项目的责任感减弱。因此，由责任扩散这一社会心理活动过程引起的"旁观者效应"逐渐增强。"旁观者效应"对认筹者的影响逐渐超过"羊群效应"。因此，在融资中期，投资者表现出显著的旁观者行为。Kuppuswamy 和 Bayus（2018）研究美国最大的众筹平台 Kickstarter 中投资者行为发现，大量潜在的投资者并没有认筹已经获得大量融资的项目，新增认筹者的数量和已有认筹者的数量呈现显著的负相关关系，这说明了美国众筹市场上投资者行为表现出显著的旁观者效应。Burtch 等（2013）在研究在线期刊项目的众筹融资中，发现项目某天新增融资金额数量与该项目平均每天获得的融资金额呈负相关。

在众筹项目融资过程中，项目上线后，随着时间的推移，项目的被浏览数逐渐增加，关注项目的群体不断扩大，群体中单个认筹者认为项目被其他认筹者认筹的概率增加，那么单个认筹者受利他主义精神驱动产生的帮助该项目的责任感会减弱，从而产生认筹者行为的"旁观者效应"。到融资晚期，随着融资期限的临近，项目获得其他认筹者资助的可能性会减少，为了促进项目的顺利实施和支持创新型产品，潜在的偏好该项目的认筹者可能会认筹该项目。据此，本书认为，在众筹项目融资中期，已经获得的认筹人数对当期得到的认筹人数有消极影响，即投资者行为的"旁观者效应"。而在晚期，认筹者受到心理上的截止时间效应的影响，旁观者行为显著程度会减弱。据此，提出假说 2。

假说 2：到众筹项目的中期，项目已经获得的认筹人数对当期获得的认筹人数有负向影响。到融资的晚期，该负向影响的程度会减弱。

三、项目异质性的影响

项目异质性会对投资者行为产生显著影响。廖理等（2015）运用我国 P2P 网络借贷的数据研究发现信息不对称更严重的订单会表现出更明显的羊群行为。上述的分析已经表明信息不对称是众筹市场上投资者羊群行为产生的主要原因。因此，我们认为在信息不对称程度存在显著差异的异质性项目融资中，投资者行为也存在差异。在信息不对称严重的项目融资中，投资者表现出更显著的羊群行为和旁观者行为。而在信息相对透明的项目融资中，投资者可以更好地根据自己拥有的信息作出投资决策，而不必推测他人拥有的私有信息。因此，在融资早期投资者羊群行为不显著，在融资中晚期旁观者行为较弱。据此，提出假说3。

假说3：与信息不对称严重的项目相比，在信息较对称项目的众筹早期，已经获得的认筹人数对当期获得的认筹人数的正向影响不显著，在中期和晚期已经获得的认筹人数对当期获得的认筹人数的负向影响较弱。

第三节

研究设计

一、数据来源与处理

国内众筹网站主要可以分为综合型和垂直型两类。国内综合类众筹平台市场上，"众筹网"已经成为最大的综合类众筹平台。2014 年上半年，其在线项目数量是"中国梦网"和"追梦网"在线项目数量总和的 4 倍左右；其认筹人数是"追梦网"的 4 倍，略高于"中国梦网"；其募集资金为其他两个平台总量的两倍。而首家众筹平台"点名时间"网已经转变为商品预售型的购物网站（陈娟娟，2018）。因此，我们选择"众筹网"作为研究对象具有较强的代表性。我们采取网页数据抓取的方法获得该平台2014 年 12 月 1 日到 2015 年 2 月 8 日上线的 263 个项目的 10858 条数据。为了使数据更具有代表性，本书的异常值处理如下：首先，剔除数据缺失较严重的样本，包括融资开始日期或者结束日期在抓取时间之外的样本。其次，剔除离群值，包括实际融资金额达到目标金额 4.5 倍以上的 5 个项目的 285 条数据和每日获得认筹人数大于 140 的 6 个项目的 337 条离群值数据。最后，我们得到 252 个项目 10236 条交易数据。其中，融资成功项目 117 个，融资失败项目 135 个。

二、变量选择

本书关注的是众筹市场上投资者决策行为是否受其他投资者行为的影响，以及这种影响是否存在项目异质性。因此，本书选取的核心解释变量如下：

1. 核心变量

认筹人数（Backer）：本书参考的做法是以天作为时间 t 的观测单位。选取项目每天获得的认筹人数作为被解释变量。

融资进度（Contlast_goal）：项目前一天获得累计融资金额与融资目标之比，该变量为解释变量。在"众筹网"平台上，认筹者可以很便捷地观测到某融资项目融资的进度条。从而，可以从中推测已有认筹者所掌握信息的基本情况，然后做出自己的决策。

第一周（Firstweek）：在项目上线的第一周内记为1，其他记为0。参考的方法，我们用融资开始的第一周来度量融资早期。

最后一周（Lastweek）：在项目融资期的最后一周内记为1，其他记为0。我们将融资期限的最后一周作为融资截止日期临近的测度。

市场信息不对称程度的衡量方面，别出心裁地选取P2P网贷市场上借款人的信用认证指标数量和借款描述字数作为衡量市场中信息不对称程度的代理变量。我们借鉴其做法，选择项目发起人对项目的描述信息作为众筹市场上信息不对称程度的代理变量。视频信息是发起人介绍项目信息的重要材料，有助于潜在认筹者更直观地了解产品的创意，有效缓解信息不对称。因此，我们根据项目是否有视频信息将所有样本分为信息较对称组（IS）和信息不对称组（IA），进一步分组别考察投资者行为的动态变化。

2. 控制变量

已有研究发现一些随时间变化的因素和不随时间变化的项目特征会对认筹者行为产生影响，我们选取两大类控制变量。其一为随时间变化的控制变量：即使没有到融资期限，如果项目已经达到融资目标，那么项目实施的不确定因素迅速下降，这会显著影响认筹者的决策行为。因此必须控制项目成功与否（Fund）这一因素。融资成功Fund=1，否则为0；平台推荐（Recom）会增加该项目被认筹者浏览的概率，从而影响项目获得认筹的数量。在众筹平台首页推荐Recom=1，反之为0。其他因素还包括众筹项目评论区中喜欢该项目的人数（Likepeople）、评论条数（Comment）和项目发起人曾经认筹的项目数（Support_project）。其二为不随时间变化的项目特征的控制变量：项目融资期限（Duration），即项目融资期限的天数；融资目标（Lngoal），即项目的目标融资金额，由于不同项目目标融资金额波动较大，取目标融资金额的对数形式Lngoal计入模型。项目的目标融资金额对认筹人数的影响可能是非线性的，我们将 Lngoal 的二次项计入模型作为控制变量。

三、变量描述性统计

首先，对全样本进行描述性统计，如表 3-1 所示。然后，分别对融资成功的 117 个项目和融资失败的 135 个项目进行变量的描述性统计，并做变量均值差异的 T 检验，如表 3-2 所示。由表 3-2 可知，成功项目融资目标的均值要远远高于失败项目，但是差异并不显著。而从 T 检验的结果来看，成功项目和失败项目的显著差异在于融资期限、融资比率、评论数和喜欢人数。从平均值来看，成功项目的融资时间要比失败项目长 20 天，成功项目获得的评论数和喜欢人数超过失败项目的 3 倍。

表 3-1　描述性统计

变量	观测值	均值	标准差	最小值	最大值
认筹人数	10236	1.259	5.649	0	137
融资比率	10236	0.601	0.752	0	4.117
评论数	10236	9.840	18.11	0	206
喜欢人数	10236	51.86	79.96	0	774
曾认筹数	10236	0.957	2.640	0	32
视频	10236	0.237	0.425	0	1
融资目标	10236	54629	295565	500	3.900e+06
融资期限	10236	48.38	16.90	8	74

表 3-2　成功项目和失败项目分类别的描述性统计和均值 T 检验

变量	成功项目 win = 1			失败项目 win = 0			T 值
	均值	最小值	最大值	均值	最小值	最大值	
融资目标	63780.680	500	3900000	35511.070	500	300000	−0.872

变量	成功项目 win=1			失败项目 win=0			T 值
	均值	最小值	最大值	均值	最小值	最大值	
融资期限	51.598	12	74	31.148	8	64	−11.116 ***
融资比率	1.411	1	4.117	0.087	0	0.809	−22.141 ***
评论数	18.846	1	204	6.244	1	56	−5.057 ***
喜欢人数	94.162	1	774	30.348	3	211	−6.187 ***
曾认筹数	0.872	0	10	0.533	0	9	−1.894 *
视频	0.214	0	1	0.200	0	1	−0.872
认筹人数	0.171	0	6	0.193	0	4	0.259

注：*、*** 分别表示在 10% 和 1% 的水平上显著。

图 3-1 表示所有项目平均每天的认筹人数随融资期限的变化。不难发现，在融资期限的 10% 之前，项目平均认筹人数在逐渐上升，在融资期限的 10% 左右达到最大值 3.2 后迅速下降。其后，项目平均每天认筹人数随着时间的推移一直保持下降趋势，但是随着融资最晚期限的到来，下降的趋势逐步放缓。整体分布呈现"之"字状。这与运用美国最大的众筹平台 Kickstarter 2010～2011 年交易数据描绘的项目平均每天认筹人数在融资期限内的变化的"浴缸"曲线形成了鲜明对比（见图 3-2）。美国众筹市场上没有出现众筹项目早期的投资者羊群行为，项目早期平均每天获得的认筹人数反而迅速下降。到融资中期，下降态势逐步放缓。但在融资末期，受期限效应的影响，出现投资人数的递增。我国的众筹市场上并没有出现这一现象。

图 3-3 为所有项目到融资截止日获得的融资金额与目标金额比率的分布直方图。从图 3-3 可知，在 135 个融资失败的项目中，有 122 个项目只融到 20% 不到的金额，占比超过 90%。只有 3 个项目虽然融到 60% 以上的金额，但仍然失败。而在融资成功的 117 个项目中，有 61 个项目得到了额

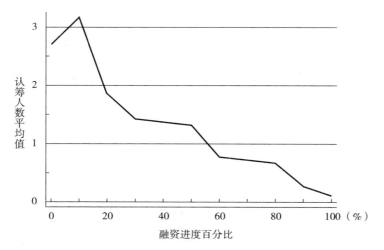

图 3-1　所有项目平均每天认筹人数随融资期限的变化

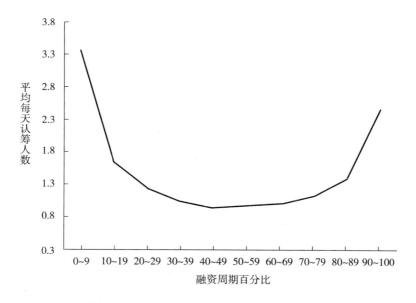

图 3-2　美国 Kickstarter 平台项目平均每天认筹人数随融资期限的变化

资料来源：Kuppuswamy 和 Bayus（2014）。

外的认筹，即实际融资金额与融资目标比超过 1.1，占融资成功项目的一半以上，占全部融资项目的近 1/4。图 3-4 为成功项目融资成功的时间分布直方图，由图 3-4 可知，80%的项目是在前 60%的融资阶段实现融资目标，只有 20%左右的项目是在融资期限的最后 40%阶段实现融资目标。

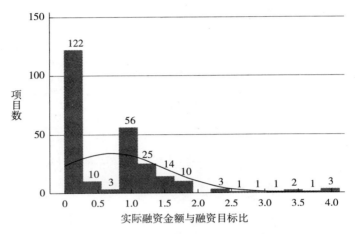

图 3-3　融资截止日所有项目融资比率分布直方图

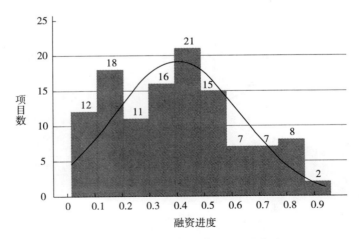

图 3-4　成功项目融资成功时间分布直方图

四、模型设定与方法选择

为了检验本书的假说 1 和假说 2，设计如下计量方程：

$$Backer_{it} = \beta_0 + \beta_1 Contlast\_goal_{i(t-1)} + \beta_2 Firstweek_{it} + \beta_3 Lastweek_{it} +$$

$$\beta_4 Contlast\_goal_{i(t-1)} \times Firstweek_{it} + \beta_5 Contlast\_goal_{i(t-1)} \times Lastweek_{it} +$$

$$\beta_6 Contlast\_goal_{i(t-1)} \times Funded_{it} + \theta X_{it} + \lambda Z_i + \mu_i + \varepsilon_{it} \qquad (3-1)$$

其中，i 为项目，t=2，3，…，T_i，T_i 为项目 i 的融资期限天数。被解释变量是项目 i 在第 t 天获得的认筹人数，核心解释变量是项目 i 在（t-1）天累计获得融资金额与目标金额比。$Contlast\_goal_{i(t-1)} \times Firstweek_{it}$ 为项目 i 在（t-1）天累计获得融资金额与目标金额比与二分变量 $Firstweek_{it}$ 的交叉项，$Contlast\_goal_{i(t-1)} \times Lastweek_{it}$ 为项目 i 在（t-1）天累计获得融资金额与目标金额比与二分变量 $Lastweek_{it}$ 的交叉项。$Contlast\_goal_{i(t-1)} \times Funded_{it}$ 为项目 i 在（t-1）天的融资进度与融资成功与否 $Funded_{it}$ 的交叉项。X_{it} 为随时间变化的项目差异控制变量。Z_i 为不随时间变化的项目差异控制变量。μ_i 为 Z_i 未捕捉到的所有不随时间变化的项目差异。ε_{it} 为均值为 0、方差为常数的随机扰动项。

检验假说 1 时，本书的识别思路是基于全体样本对方程（3-1）进行回归，我们预期 $Contlast\_goal_{i(t-1)} \times Firstweek_{it}$ 的系数 β_4 显著为正。检验假说 2 时，仍然基于全体样本对方程（3-1）进行回归，预期 $Contlast\_goal_{i(t-1)}$ 的回归系数 β_1 显著为负，并且 $Contlast\_goal_{i(t-1)} \times Lastweek_{it}$ 的回归系数 β_5 不显著。检验假说 3 时，我们没有引入代表项目类别的虚拟变量以及其与融资进度的交叉项，而是采用分组回归的识别策略，我们预期 $Contlast\_goal_{i(t-1)} \times Firstweek_{it}$ 的回归系数 β_4 和 $Contlast\_goal_{i(t-1)}$ 的回归系数 β_1 在分组回归分析中会有明显差异，在信息较对称组中，识别"羊群效应"的系数 β_4 不显著，识别"旁观者效应"

的回归系数 β_1^i 较信息不对称组中大。选择分组识别策略主要基于以下考虑：项目类别是一个二分哑变量，随时间的波动程度极小。因此，可能引起序列的相关。

本书的样本数据具有"大 N 小 T"的基本特征，考虑到个体样本的异质性问题，为了更准确地进行估计，我们选择控制个体特征差异的固定效应模型（RE）对方程（3-1）进行估计。

第四节
实证结果

为了避免多重共线性的问题，我们首先对解释变量进行相关性分析，数据统计结果表明，各解释变量之间的相关系数较低，不存在多重共线性问题（具体结果略）。

（一）羊群效应和旁观者效应检验

为检验假说 1 和假说 2，我们首先分别采用混合效应模型和固定效应模型进行了回归估计，结果如表 3-3 第二行和第三行所示。然后在假说 1 和假说 2 其他条件不变的情况下加入交叉项 Contlast_ goalFweek 和Contlast_ goalLweek 的估计结果，如第四行所示。第五行汇报了加入交叉项Contlast_ goalFunded 后的估计结果，用来捕捉项目融资成功之后投资者的行为。由于 Contlast_ goalFunded 与 Contlast_ goal 的相关系数达到 0.975，同时计入模型会导致估计偏误，Contlast_ goalFunded 与 Contlast_ goal 不能同时计入模型，模型三中单独考虑 Contlast_ goalFunded。

在模型二的 FE 估计结果中，Contlast_ goalFweek 的估计系数在 1% 的水平上显著为正，这意味着在控制其他变量的情况下，融资开始的第一周，融资进度的增长对每天认筹人数有显著的积极影响，证明了在项目融资早期存在羊群行为，支持假说 1。在模型一和模型二中，Contlast_ goal 的估计系数分别为 −1.430 和 −1.381，并且均在 1% 的水平上显著，表明在融资中期，融资进度越高的项目，每天获得的认筹人数反而越少，即假说 2 在项目融资中期会出现责任扩散引起的"旁观者效应"，支持假说 2。模型二中，Contlast_ goalLweek 的回归系数为 −0.062，大于 Contlast_ goal 的回归系数且不再显著，这表明随着融资截止日期的临近，融资金额目标比对项目每天获得认筹人数的负向影响作用逐渐减弱，即受"截止日期效应"的影响，"旁观者效应"会减弱，进一步支持了假说 2。模型三中 Contlast_ goalFunded 的回归系数显著为负，这表明在项目达到目标融资金额之后，仍然存在"责任扩散效应"。如前文所预测，四个模型中，Firstweek 的回归系数均在 1% 的水平上显著为正，Lastweek 的回归系数在不同水平上显著为负，意味着项目在融资期间，第一周融资相对较多，最后一周融资相对较少。这与图 4-1 中的曲线形状是一致的。

控制变量中，融资平台推荐 Recom 的回归系数在三个模型中均显著为正，表明融资平台的推荐对投资者的决策行为有积极影响，有利于项目获得更多的认筹者。喜欢人数（Likepeople）的回归系数在三个固定效应模型中均为 −0.009 且在 1% 水平上显著，说明有更多人喜欢的项目可能会受到"责任扩散效应"的影响，反而导致实际获得的认筹人数更少，与本书预期一致。其他因素如评论数、项目发起人认筹项目数和是否有视频信息均对项目实际每天获得的认筹人数没有显著影响。

表3-3　假说1和假说2检验结果汇总

变量	模型一 （FE）	模型二 （FE）	模型三 （FE）
Contlast_ goal	−1.430 *** （0.164）	−1.381 *** （0.171）	—
Contlast_ goalFweek	—	1.381 *** （0.374）	—
Contlast_ goalLweek	—	−0.062 （0.177）	—
Contlast_ goalFunded	—	—	−1.373 *** （0.134）
Firstweek	0.835 *** （0.160）	0.682 *** （0.170）	0.944 *** （0.156）
Lastweek	−0.361 ** （0.144）	−0.333 * （0.191）	−0.306 ** （0.144）
Recom	1.772 *** （0.280）	1.692 *** （0.281）	1.659 *** （0.280）
Likepeople	−0.009 *** （0.002）	−0.009 *** （0.002）	−0.009 *** （0.002）
Comment	−0.004 （0.008）	−0.004 （0.008）	−0.000 （0.008）
Support_ project	−0.003 （0.020）	−0.004 （0.020）	−0.002 （0.020）
不随时间变化的 因素	不控制	不控制	不控制
Constant	2.446 *** （0.136）	2.440 *** （0.140）	2.237 *** （0.124）
R_ squared	0.043	0.044	0.046

注：*、**、***分别表示在10%、5%和1%的水平上显著。括号中的数值是标准误差。

（二）项目异质性对投资者行为的影响

本小节将进一步基于分组样本的回归结果，讨论项目的信息不对称程度对投资者行为的影响。我们根据项目是否有视频信息将所有样本分为信息不对称组（IA）和信息较对称组（IS），进一步分组别考察投资者行为的动态变化。对 IA 组样本和 IS 组样本分别进行固定效应分析，回归结果如表 3-4 所示。两组样本的融资进度 Contlast_ goal 的回归系数均显著为负，分别为−1.657 和−0.900，说明随着融资的不断推进，已获得的认筹人数对当期获得的认筹人数有显著的负向影响，当信息不对称得到缓解时，在控制其他因素的情况下，融资进度的负面影响程度会有所下降。但是，两组样本的融资进度与第一周的交叉项 Contlast_ goalFweek 的回归系数虽方向一致但显著性水平却出现了明显差异，信息不对称组（IA）的该项系数为 1.357 且在 1% 水平上统计显著，信息较对称组（IS）的该项系数为 1.344 但统计不显著。这说明，在融资早期，有关项目的市场信息越丰富，投资者就越能根据这些信息进行投资决策，而不是通过推测其他投资者的私有信息来进行决策。因此，不容易表现出羊群行为。两组样本的融资进度与最后一周的交叉项 Contlast_ goalLweek 的回归系数均为负且统计不显著，说明在融资晚期已经获得的认筹人数对当期获得的认筹人数有负向影响，但影响程度较弱。以上结果均验证了假说 3。

表 3-4　投资者行为的异质性检验

变量	IA 组 Backer	IS 组 Backer
Contlast_ goal	−1.657 *** （0.217）	−0.900 *** （0.230）
Contlast_ goalFweek	1.357 *** （0.417）	1.344 （1.050）

续表

变量	IA 组 Backer	IS 组 Backer
Contlast_ goalLweek	−0. 133 (0. 220)	0. 203 (0. 249)
Firstweek	0. 728 *** (0. 210)	0. 576 ** (0. 245)
Lastweek	−0. 294 (0. 235)	−0. 400 (0. 275)
Comment	0. 006 (0. 009)	−0. 089 *** (0. 015)
Recom	1. 998 *** (0. 329)	−0. 459 (0. 494)
Likepeople	−0. 012 *** (0. 002)	0. 016 *** (0. 004)
Support_ project	−0. 002 (0. 025)	−0. 004 (0. 027)
Constant	2. 801 *** (0. 180)	1. 244 *** (0. 177)
R_ squared	0. 051	0. 041

注: ** 、 *** 分别表示在5%和1%的水平上显著。括号中的数值是标准误差。

（三） 稳健性检验

为了确保本书研究结论的可靠性，对本书的实证结果展开稳健性检验。首先，用项目每天融资金额与融资目标之比即融资金额目标比Contlast_ goal 作为被解释变量，进行稳健性检验。回归结果如表3-5所示。在模型二中，融资进度与第一周的交叉项回归系数在1%的显著性水平上仍然显著为正，这说明在融资开始的早期，投资者对项目的认筹金额随融资进度的增长而增加，存在"羊群效应"，支持假说1。在固定效应回归模型一和模型二中，融资进度的回归系数分别为−0.789 和−0.774，且统计显著，说明在融资中期，认筹者对项目的认筹金额随融资进度的增长而减少，存在"旁观者效应"。而融资进度与最后一周的交叉项回归系数为−0.021且不再显著，说明在融资期限的最后一周，融资进度对投资者决策虽然有负面影响，但是影响的程度已经大大减弱。这也支持假说2。

表3-5　假说1和假说2的稳健性检验结果

被解释变量：每天融资金额占融资目标比	模型一 （FE）	模型二 （FE）	模型三 （FE）
Contlast_ goal	−0.789 *** （0.029）	−0.774 *** （0.030）	—
Contlast_ goalFweek	—	0.383 *** （0.065）	—
Contlast_ goalLweek	—	−0.021 （0.031）	—
Contlast_ goalFunded	—	—	−0.545 *** （0.024）
Firstweek	−0.011 （0.028）	−0.053 * （0.030）	0.092 *** （0.028）
Lastweek	−0.018 （0.025）	−0.007 （0.033）	−0.015 （0.025）
Comment	0.004 *** （0.001）	0.004 *** （0.001）	0.003 * （0.001）
Recom	−0.007 （0.049）	−0.029 （0.049）	−0.011 （0.050）
Likepeople	0.002 *** （0.000）	0.002 *** （0.000）	0.002 *** （0.000）
Support_ project	−0.001 （0.004）	−0.001 （0.004）	−0.002 （0.004）
不随时间变化的因素	不控制	不控制	不控制

续表

被解释变量：每天融资金额占融资目标比	模型一 （FE）	模型二 （FE）	模型三 （FE）
Constant	0.488 *** （0.024）	0.486 *** （0.024）	0.320 *** （0.022）
R_ squared	0.083	0.087	0.064

注：＊、＊＊＊分别表示在10%和1%的水平上显著。括号中的数值是标准误差。

其次，用项目每天融资金额与融资目标之比作为被解释变量，对子样本 IA 组和 IS 组进行比较，回归结果如表3-6 所示。融资进度与第一周交叉项的回归系数在信息不对称组（IA）中仍显著为正，而在信息较对称组（IS）中不显著。说明视频信息可以有效缓解信息不对称，从而显著减少融资早期投资者羊群行为。融资进度 Contlast_ goal 的回归系数均显著为负，但是与 IA 组相比，信息较对称组（IS）中回归系数的绝对值变小，这意味着在 IS 组中融资中期的"旁观者效应"较弱，证明了假说3。

表3-6 假说3的稳健性检验结果

被解释变量：融资金额占融资目标比	信息不对称组（IA）	信息较对称组（IS）
Contlast_ goal	−0.879 *** （0.037）	−0.527 *** （0.050）
Contlast_ goalFweek	0.394 *** （0.070）	0.219 （0.228）
Contlast_ goalLweek	0.004 （0.037）	−0.106 * （0.054）
Firstweek	−0.051 （0.035）	−0.068 （0.053）
Lastweek	−0.010 （0.040）	0.014 （0.060）

续表

被解释变量：融资金额占融资目标比	信息不对称组（IA）	信息较对称组（IS）
Comment	0.006 ***	−0.002
	(0.002)	(0.003)
Recom	−0.073	0.142
	(0.055)	(0.107)
Likepeople	0.002 ***	0.003 ***
	(0.000)	(0.001)
Support_ project	−0.001	−0.003
	(0.004)	(0.006)
Constant	0.539 ***	0.354 ***
	(0.030)	(0.038)
R_ squared	0.094	0.074

注：* 、*** 分别表示在10%和1%的水平上显著。括号中的数值是标准误差。

最后，参考 Herzenstein 等（2011）的做法，将项目每天融资人数是否有增加（认筹人数增加记 Backeradd＝1，否则为0）作为二分被解释变量。运用面板 Logit 模型做稳健性检验，分别检验羊群行为和旁观者行为（见表3-7）和项目异质性对投资者行为的影响。由表3-7和表3-8可知，主要解释变量的回归系数没有显著变化，Logit 模型的估计结果进一步验证了假说1、假说2和假说3。

表 3-7　稳健性检验

被解释变量：是否有认筹	模型一	模型二	模型三
Contlast_ goal	−1.732 ***	—	−1.776 ***
	(0.112)		(0.115)
Contlast_ goalFweek	—	—	1.694 ***
			(0.250)

续表

被解释变量：是否有认筹	模型一	模型二	模型三
Contlast_ goalLweek	—	—	-0. 106
			（0. 158）
Contlast_ goalFunded	—	-1. 655 ***	—
		（0. 086）	
Firstweek	0. 397 ***	0. 578 ***	0. 233 **
	（0. 085）	（0. 082）	（0. 092）
Lastweek	-0. 905 ***	-0. 820 ***	-0. 850 ***
	（0. 102）	（0. 103）	（0. 141）
Comment	-0. 017 ***	-0. 010 **	-0. 015 ***
	（0. 005）	（0. 005）	（0. 005）
Recom	0. 840 ***	0. 731 ***	0. 788 ***
	（0. 141）	（0. 144）	（0. 143）
Likepeople	0. 002 **	0. 002 *	0. 002 *
	（0. 001）	（0. 001）	（0. 001）
Support_ project	0. 026 **	0. 027 ***	0. 026 **
	（0. 010）	（0. 010）	（0. 010）
不随时间变化的因素	不控制	不控制	不控制

注：*、**、*** 分别表示在 10%、5% 和 1% 的水平上显著。括号中的数值是标准误差。

表 3-8　稳健性检验：用 Logit 模型检验假说 3

被解释变量：是否有认筹	信息不对称组（IA）	信息对称组（IS）
Contlast_ goalFweek	1. 997 ***	-0. 179
	（0. 268）	（0. 937）
Contlast_ goalLweek	0. 056	-1. 341 **
	（0. 162）	（0. 620）
Contlast_ goal	-1. 991 ***	-1. 490 ***
	（0. 137）	（0. 224）
Firstweek	0. 033	0. 940 ***
	（0. 106）	（0. 186）

续表

被解释变量：是否有认筹	信息不对称组（IA）	信息对称组（IS）
Lastweek	−0.865*** (0.151)	−0.805** (0.391)
Comment	−0.008 (0.005)	−0.052*** (0.014)
Recom	0.699*** (0.158)	0.972*** (0.340)
Support_ project	0.018 (0.013)	0.042** (0.019)

注：**、***分别表示在5%和1%的水平上显著。括号中的数值是标准误差。

第五节
本章小结

本章基于我国众筹平台"众筹网" 2014 年 12 月到 2015 年 2 月的交易数据，首次分析了我国商品众筹市场上投资者行为特征的动态变化。首先刻画出众筹项目平均每天的认筹人数随融资期限变化而变化的曲线图，发现图形整体分布呈现"之"字状，这与根据美国众筹市场数据描绘出的"浴缸曲线"大相径庭。在融资早期，我国众筹市场上出现认筹者数量递增的态势，即投资者跟风认筹的羊群行为。而这种态势没有出现在美国众筹市场上。在融资晚期，我国众筹市场上也没有出现美国众筹市场上出现的"截止日期效应"。为了进一步检验我国众筹市场上投资者行为的动态变化，我们将融资期限分为融资早期、融资中期和融资晚期以分析投资者行为变化特征。

对融资早期投资者行为的实证研究表明，投资进度越高的项目越能吸引后来的投资者，投资者表现出显著的羊群行为。面对诸多不确定性风险，我国众筹市场上缺乏经验的大众认筹者往往选择跟随其他认筹者的决策行为进行决策。这种跟风式的羊群行为会导致资产价格与其基础价值偏离，产生市场系统风险。商品市场的资源优化配置功能弱化，金融问题日益突出。对融资中期投资者行为的实证研究表明，项目融资进度对后来投资者的决策有显著的负向影响，投资者表现出显著的旁观者行为。到融资晚期，随着截止日期的临近，投资者行为的"旁观者效应"减弱。

进一步地，项目异质性对投资者行为影响的实证研究表明，与信息不对称严重的项目相比，在信息较对称项目的众筹早期，已经获得的认筹人数对当期获得的认筹人数的正向影响不显著，在中期和晚期已经获得的认筹人数对当期获得的认筹人数的负向影响较弱。这有力地说明，信息不对称的缓解可以有效减少投资者跟风投资的羊群行为，也可以减弱融资中期出现的旁观者行为。信息透明既有利于投资者理性投资，也有助于项目获得更多的融资。

互联网金融投资者对借款描述信息认知
偏差的实证研究

传统金融机构对长尾群体的信贷需求存在交易成本居高不下且难以有效克服信息不对称的问题，这使得长尾群体的信贷需求往往被边缘化。互联网金融的发展能够有效满足长尾群体的金融需求，如网络借贷、移动支付、互联网保险等，大大降低了长尾群体的金融参与门槛。网络借贷本质的功能是为长尾群体提供借贷服务（王博等，2017），拓展金融的"尾部"市场。网络贷款平台的借款人主体为受传统金融机构信贷配给的长尾群体，而平台的投资人大多为普通的大众非专业投资者，投资者缺乏专业手段甄别长尾借款人的信用质量，借贷双方面临较大程度的信息不对称（Yum 等，2012；Lin 等，2013）。有别于传统银行，网络借贷通过为借贷双方提供中介信息实现交易，虽然有助于降低交易成本并规避间接融资模式带来的期限错配问题，但是借贷平台往往缺乏有效的措施监督借款人，如逾期催收等问题。网络借贷的运作模式以及信息披露方式不够规范，脱离信息中介的本质，如对借款人提供增信担保等信用服务、自建资金池、贷后资金使用不透明、从事庞氏骗局等，造成了极为恶劣的社会影响，如"E 租宝""中晋系"事件（王博等，2017）。那么，面临较大程度的信息不对称环境，网络贷款平台上非专业投资者对长尾借款人描述信息的识别是否存在偏差？如果存在，是什么原因导致投资者的认知偏差？我们将对这些问题展开研究。

第一节
投资者对信息的认知偏差

基于传统的信贷理论和网络借贷的信息披露方式，网络借贷披露的信息分为可验证硬信息和不可验证软信息。标准化的信息属于硬信息，具体到网络借贷平台而言包括三类：第一类是借款人的个人特征信息，如性别、年龄、学历、婚姻状况等；第二类是借款人的历史借贷信息和还贷信息，如历史借款成功次数、历史借款失败次数、逾期还贷次数、历史累计贷款金额等；第三类是借款项目基本信息，如借款利率、借款金额和还贷时间等。软信息为非标准化的信息，如借款人照片、借款陈述等。

一、投资人对"硬信息"的认知存在偏差吗？

目前，有关信息披露和投资者认知的研究主要集中于硬信息认知的研究。主要从硬信息披露对借款成功概率的影响和对借款利率的影响两个方面展开研究。

从硬信息披露对借款人借款成功率的影响来看，Herzenstein 等（2008）运用美国 Prosper 网络借贷平台数据研究发现，借款人的个人硬信息对借款项目成功概率有显著的积极影响。信用信息的识别方面，Lin（2009）研究发现借款人信用等级对借款成功的概率有显著的正向影响。借款人年龄信息的识别方面，Pope 和 Sydnor（2011）的研究发现，相比其他年龄阶段的借款人，年龄为 35 ~ 60 岁的借款人借款成功概率更高。借款人种族信息的识别方面，Ravina（2012）的研究认为，由于黑人借款人接受的贷款利率较低，所以其借款成功率较其他肤色人种的成功率低。

现有研究表明硬信息的披露对借款利率有显著影响。Ravina（2012）、Popse 和 Sydnor（2011）的研究均发现披露硬信息可以缓解市场上的信息不对称，并且借款人的种族信息对借款成本有显著的影响。有意思的是，借款人这些硬信息的披露也确实能够反映出其背后的违约风险。

借款人披露信息与其违约率的研究方面，Kumar（2007）认为借款人信用质量和账户的认证信息与其违约概率显著负相关，但是借款金额越高的借款人违约概率越高。Klafft（2008）和 Lin（2009）的研究都表明借款人信用等级与其违约率显著负相关。

从以上研究可知，P2P 网络借贷平台硬信息的披露有利于缓解网络借贷市场上匿名借贷双方的信息不对称，使投资者能更好地识别借款人的信用风险，但是在借款人的信用等级及其他硬信息条件类似的情况下，借款人需要提供更加有效的描述信息，使投资人能更全面地认知自己。

二、投资人对"软信息"的认知存在偏差吗？

网络借贷平台上的软信息主要分为两种。其一是借款人通过照片上传的借款人长相信息，其二是借款人借款描述信息。由于国内网络借贷平台几乎很少有出借人能直接观测到借款人的照片信息，我国学者对借款人长相这一软信息的研究较少，国外学者对此研究较多。Klafft（2008）研究发现虽然照片长相越好的借款人借款成功的概率越高，但是照片信息对借款利率没有显著影响。Duarte 等（2012）研究表明，投资者能够识别长相信息，照片看上去更值得信任的借款人得到的借款利率更低，同时他们的事后违约概率也更低，这说明投资者对长相信息的识别行为不存在偏差。Gonzalez等（2014）分析了借款人照片对P2P网络借款人信用的影响。

同时国外学者对借款描述这一软信息的研究较多。Herzensteinet等（2008）以及Larrimore等（2011）都指出个人陈述中提到自己过去的成功经历是值得信任的，将会提高其贷款成功率，陈述的内容越多越容易获得贷款。Michels（2012）指出对于信用等级较差的人披露越多的信息越有可能获得贷款，即使这些信息是未被认证过的也会增加其贷款成功率。Gao和Lin（2015）则从借款描述可读性角度分析了借款描述对P2P网络借贷的影响，研究发现美国Prosper平台上借款人的借款描述可读性越高，其违约可能性越小。以上研究均是基于英语语言环境探讨借款描述的作用，Dorfleiter等（2016）基于德国语言环境，探讨了德国网络借贷平台上借款人借款描述对借款成功率和还贷违约率的影响，研究发现正面情绪词语能显著提高借款成功率，但是对还贷的违约率没有显著影响。国内研究方面，李焰等（2014）首次运用"拍拍贷"网络借贷平台数据分析借款描述对投资人决策的影响，发现借款描述信息越多的项目借款成功的概率越大。彭红枫等（2016）对美国网络借贷平台Prosper的研究表明，不论是固定利率模式还是利率竞拍模式，借款人的借款陈述都可以降低借款利率，但对借款成功概率没有显著影响。叶德珠和陈霄（2017）通过研究借款陈述中的标点和字数对借款情况的影响发现，借款订单中借款描述的标点数每增加10个，借款成功率就会相对降低8%，而借款成本则会降低0.51%，字数每增加10个，那么借款成功率就会相对提高2.3%，但是借款成本会提高0.28%。陈霄等（2018）分析了借款描述可得性对网络借贷成功率的影响。王伟等（2018）对Kickstarter平台的研究发现，不同的语言风格会改变投资者对项目前景的感知，进而影响他们的投资意愿。

综上所述，现有研究主要从借款人的视角，探讨了借款人的借款描述对借款成功率、借款利率和违约率的影响，但是鲜有学者从投资人的视角，探讨投资对借款描述信息的认知偏差，投资者对借款人借款描述的认知是否存在行为偏差？什么原因引起投资人的行为偏差？现有研究并没有给出这些问题的答案。鉴于此，我们从投资人视角分析考察投资人是否更偏好借款描述更长的借款项目，这类借款项目借款人的还贷违约概率是否更大，综合这两方面探讨投资人对借款描述认知的行为偏差的存在性，进一步地，我们考察导致这一行为偏差背后的认知原因。我们研究发现：网络借贷平台借款人更偏好借款描述字数更多的项目，具体表现为，在控制项目特征和借款人特征等硬信息的条件下，借款描述字数越多的项目借款成功率越高，成功借款的利率更低并且借款项目满标需要的时间更短。网络借贷平台投资人对借款信息描述的认知存在合取谬误现象。投资者对借款描述认知过程中违反概率理论的基本规则导致了投资决策中的合取谬误现象。

第二节
投资者对描述信息认知的合取谬误现象

经济学最基本的假设是理性人的假设，该假设认为经济决策的主体都是充分理智的，既不会感情用事，也不会盲从，而是精于判断和计算，所采取的经济行为都是力图以自己最小的经济代价去获得自己的最大经济利益。行为经济学中对行为决策的大量研究发现，在概率判断中，人们会表现出系统性的偏差，甚至做出与一些最简单明了的概率公理和贝叶斯定理相反的判断，从而引起了学术界对个人理性程度的质疑和讨论。例如，人们在判断合取事件发生的概率时，经常违反概率判断规则，或者忽视事件的基本比率等。

理性的投资者除了遵循基本的效用理论规则外，在做出决策和判断的时候，还应该遵循已有的基本概率理论和推断逻辑。然而大量行为经济学的研究发现，人们的判断和决策并不是完全遵循这些规则的，经常会出现逻辑混乱和违反基本理论的现象。从而产生行为偏差。例如判断行为中的合取谬误现象。与前面几章中投资者行为不同，投资者认知决策过程中的合取谬误现象产生的主要原因并非信息不完全或者信息不对称，而是投资者认知过程中所犯的逻辑错误。网络借贷市场上投资主体是非专业的大众投资者，那么投资对借款人的借款描述认知是否存在合取谬误现象？

一、合取谬误现象的提出

根据概率理论的结合性法则，任意两个事件 A 和 B，它们同时发生的概率等于事件 A 发生概率与当事件 A 为真实事件 B 发生概率的乘积，即 P（A∩B）＝P（A）×P（B｜A）。当事件 A 与事件 B 相互独立时，上式简化为：P（A∩B）＝P（A）×P（B）。标准概率理论合取规则要求合取事件发生的概率不大于任何组成事件单独发生的概率，即 P（A∩B）≤ P（A）以及 P（A∩B）≤P（B）。然而，人们有时候会赋予合取事件发生的概率值高于其组成的单个事件发生的概率值，即认为 $P_S(A∩B) >$ $P_S(A)$或者 $P_S(A∩B) > P_S(B)$，其中下标"S"表示主观概率判断。Tversky 和 Kahneman（1974）最先提出了这种人们在主观概率判断上与标准概率公理不一致的现象，并称之为合取谬误（the Conjunction Fallacy）。

在 Tversky 和 Kahneman（1974）的一项著名研究——Linda 问题的研究中，首先呈现给被试一个叫作 Linda 的人物特征及活动情况，具体描述如下：

"Linda 是一位 31 岁的单身女性，直率并且非常聪明。在大学期间，她主修哲学，对种族歧视问题和社会偏见非常关注，同时也参加过反核示威游行"。

然后要求被试对包括以下事件在内的 8 个关于人物 Linda 的事件进行概率判断：

Linda 是一名银行出纳员（T）；

Linda 是一名女权主义者和银行出纳员（F∩T）；

······

根据合取规则可以判断合取事件（F∩T）发生的概率不大于单独事件（T）发生的概率。然而，85%的被试者判断 P_s（F∩T）>P_s（T），因而违反了概率理论的合取规则。Tversky 和 Kahneman（1974）的研究表明，当评估两个合取事件概率时，大多数被试都系统地违反合取规则，合取谬误比率（合取谬误的频率）为 11%~87%。

投资者对借款人借款描述的认知问题可以看作，投资人对借款人借款陈述的每一条信息为真概率的判断。在控制其他所有硬信息条件下，根据合取规则，单条信息描述为真的概率不小于多条信息描述为真的概率，如果投资者认为多条信息描述为真的概率高于单条信息描述为真的概率，那么投资人会更偏好信息描述越长的借款项目，此时投资者对信息描述的认知出现合取谬误现象。例如，借款人 ID 为 409658 的借款人于 2014 年 5 月 9 日发起借款项目 ID 为 584744 的借款项目中，借款描述为"家里冰箱坏了，急需换一台，由于刚买的二手房一时钱有点紧。我和老婆都上班，工资都是银行打卡，还款没压力"。在这段描述中包括三个事件，分别为：刚买的二手房一时钱有点紧；家里冰箱坏了急需换一台而借款；我和老婆都上班工资是银行打卡的还款没压力，该项目借款成功。借款人 ID 为9073135 的借款人于 2016 年 3 月 14 日发起借款项目 ID 为 9279619 的借款项目中，借款描述为"消费"，这段描述只包括一个事件，该项目借款失败，这可能是因为投资人认为前一个项目中合取事件为真的概率高于后一个单独事件为真的概率。进一步地，我们将基于大数据探讨投资者对描述信息的合取谬误现象。

二、合取谬误现象的解释

现有对合取谬误现象产生原因的研究主要分为五类：包括启发式观点、加权平均理论、确认理论、惊奇理论和"齐当别"理论。借款人的描述信息特征可以用启发式观点中的 A→B 因果模型进行解释。关于 A→B模式的任务情景为：在一项包含了英国所有年龄和职业的成年男性的代表性样本的健康调查中，F 先生是随机从这个样本中挑选出来的，现在由你判断以下哪种情形更有可能发生：a）F 先生有一种以上的心脏病；b）F先生年龄超过 55 岁并且他有一种以上的心脏病。Tversky 和 Kahneman（1974）认为，如果事件 A 与事件 B 之间存在因果或者正向相关关系，那么对于条件概率 P（A/B）或 P（B/A）来说，其发生概率就会大于P（A）和 P（B），同时由于这些关系的存在，被试对合取事件 A∩B 的发生概率的判断会转化为求条件概率的判断，所以合取事件 A∩B 的概率估计要大于任一合取项的概率（A、B）估计，从而导致双重合取谬误。而且合取谬误率与这些条件关系的强弱有关，即如果合取事件的因果关系更强时，那么被试在概率判断中就更有可能出现合取谬误。例如，单个结果事件"美国石油消费将下降30%"就可能被赋予比合取事件"美国石油价格有较大幅度提高，并且美国石油消费将下降 30%"更低的概率，因为"美国石油价格有较大幅度提高"事件与"美国石油消费将下降 30%"事件存在较强的因果关系。

在借款人的借款描述中，较长的借款描述一般会介绍借款原因，语句间的因果逻辑关系比简单的借款描述要强。如前一个借款描述中事件 A "刚买的二手房一时钱有点紧"是事件 B "家里冰箱坏了急需换一台而借款"的重要原因，事件 A 发生时事件 B 发生的概率大于事件 B 单独发生的概率，由于事件 A 与事件 B 中因果关系的存在，借款人对合取事件 A∩B 的发生概率的判断会转化为求条件概率的判断。因此，借款人认为，由于刚买二手房一时钱有点紧，家里冰箱坏了急需借款换冰箱这一合取事件为真的概率大于借款买冰箱这一事件单独发生的概率，产生合取谬误现象。因此，我们认为启发式偏差中的 A→B 因果模型能很好地解释投资者对描述信息认知的合取谬误现象。

三、投资者对描述信息识别的几个假说

基于以上分析，投资者对描述信息的识别可能存在合取谬误，本书根据借款描述中的字数，从借款成功概率、借款利率和满标时间三个角度考察投资者对借款人的借款描述的识别行为，并提出以下几个假说：

假说 1：控制借款项目的所有硬信息特征之后，描述字数越多的借款标的借款成功的可能性更大。

假说 2：控制借款项目的所有硬信息特征之后，描述字数越多的借款标的借款利率越低。

假说 3：控制借款项目的所有硬信息特征之后，描述字数越多的借款标的借款成功需要的时间越短。

第三节

P2P 平台投资者认知偏差的实证研究

一、指标选择和数据说明

（一）数据说明

本书数据来源于"拍拍贷"平台，"拍拍贷"平台成立于 2007 年 6 月，是我国最早成立的 P2P 网络借贷平台。平台于 2017 年在美国纽约交易所上市，10 年来累计完成成功借款项目达到 3400 多万个。平台上投资者和借款人没有线下的联系，相互为匿名。因此，使用"拍拍贷"的数据可以有效评估借款描述在匿名的金融市场交易中所起到的作用。本书采用"拍拍贷"平台 2016 年 1 月 16 日到 2016 年 5 月 28 日的借款项目作为初始样本，剔除信息不全的，得到 2758640 个借款项目，其中成功融资项目占比 79.35%，失败项目占比为 20.65%。

（二）指标选择

参考相关文献的研究设计并根据"拍拍贷"平台披露信息结构特征，我们将平台公布的各项基本信息分四大类因素进行探讨。第一类是借款描述信息，我们用借款描述信息的字数作为描述信息的代理变量。借款描述信息字数越多，说明借款信息包含的事件越多，越有可能出现合取谬误。用 Zishu 表示该变量。第二类是借款项目的基本信息。包括项目贷款利率，用 InterestRate 表示；借款项目的目标融资金额，用 Amount 表示；借款成功后还款期，用 Repaymentperiod 表示。第三类是借款人在网贷平台历史借贷情况和还贷情况。历史借款信息包括借款人在"拍拍贷"平台投资的应收账款，它为借款人还贷提供了一定的经济保证。因此，我们预计有更多应收账款的借款人利率更低，该变量对利率产生负向影响，用 Receivables 表示。历史借款信息还包括借款人在平台历史累计的总借款金额，通过该变量信息可以反映借款人在平台的借款经验，用 Totalloan 表示。此外，还包括借款人在平台成功借款次数和失败借款次数信息，分别用 Fundedlistings 和 Unfundedlistings 表示。历史还贷情况信息可以直接反映借款人的逾期风险，我们控制了两类指标，分别是借款人还款逾期超过 15 天的次数和借款人还款逾期少于 15 天的次数，分别用 More15 和 Less15 表征。预测两个指标对借款利率有正向影响。第四类是披露的借款人个人信息，包括信用状况、学历、性别、年龄、是否有车、是否有房及婚姻状况。借款人信用状况用 Credit 表示，根据借款人信用等级对信用状况进行赋值，取值范围为 1~9。数字越小，表示信用状况越好。这里的学历特征用哑变量 Xueli 表示，0 表示借款人没有披露学历信息，1 表示借款人披露了学历信息。性别特征用哑变量 Gender 表示，1 为男性，0 为女性；年龄特征用哑变量 Age 表示，年龄在 35 岁以上为 1，35 岁以下为 0；拥有车的情况用哑变量 Car 表示，拥有车为 1，其他为 0；拥有房产情况用哑变量 House 表示，1 表示借款人拥有房产，否则为 0；婚姻状况用 Marriage 表示，离婚为 1，其他为 0。所有变量的统计性描述如表 4-1 所示，由于历史累计贷款金额（Totalamount）、平台待收金额（Receivables）和目标借款金额（Amount）这三个变量的标准差较大，均以对数形式计入模型。

表 4-1 变量的统计性描述

变量	样本数	均值	标准误	最小值	最大值
InterestRate	2758640	14.42%	6.429	7%	36%
Zishu	2758640	23.82	12.41	0	255
Credit	2758640	6.471	1.606	1	9
Fundedlistings	2758640	1.083	10.24	0	644
Unfundedlistings	2758640	1.347	1.319	0	38
Less15	2758640	0.129	0.902	0	84
More15	2758640	0.00595	0.132	0	31
Totalloan	2758640	3792	56807	0	3.825e+06
Receivables	2758640	2601	50086	0	6.192e+06
Amount	2758640	1603	2709	100	550000
Repaymentperiod	2758640	11.34	1.916	1	24
Age	2758640	29.24	6.968	18	79
Car	2758640	0.124	0.330	0	1
Gender	2758640	0.811	0.392	0	1
Marriage	2758640	0.725	0.672	0	2
Xueli	2758640	0.0563	0.474	0	1
House	2758640	0.324	0.610	0	2

二、实证结果

本书选择普通最小二乘估计（OLS）探讨字数对借款成功率、成功借款项目借款利率和成功借款项目满标需要时间的影响。估计结果如表4-2所示，显示规则为显示有效三位小数。我们首先对假说1进行检验，探讨在控制项目和借款人其他特征的条件下，借款描述字数越多借款项目是否成功率越高。从表 4-2 列（1）的估计结果可知，字数（Zishu）对借款成功率的影响显著为正，并且在 1% 的水平上显著。这说明借款描述字数越多的项目，借款成功的概率越高，证明了假说 1。并且模型的拟合度达到 94.6%，说明变量能较好地解释借款成功率。表 4-2 中列（2）为剔除失败借款项目之后，考察项目描述字数对成功借款项目利率的影响。变量 Zishu 的回归系数为 -0.0319，这表明字数对借款利率有显著的负向影响，并且在 1% 的水平上显著。说明借款描述字数越多的项目借款利率越低，这支持假说 2。模型拟合度为 90.9%，说明模型能较好地解释成功借款项目借款利率的差异。进一步地，从借款成功满标需要的时间来看，表 4-2 中列（3）的结果显示，借款描述字数对满标时间有显著的负向影响，并且在 1% 的水平上显著。这说明借款描述字数越多的项目满标所需要的时间越短。这证明了假说 3。综上，从借款成功率、借款利率和满标所需要的时间来看，出借人更偏好借款描述中字数较长，信息含量更多的借款项目。而信息含量更多的项目中，事件合取为真的概率要小于字数较短信息含量较小的项目。这说明投资者对借款描述信息的认知存在合取谬误现象，投资者对借款描述软信息的识别存在偏差。

表 4-2　字数对借款成功率、利率和满标时间的影响

变量	（1）	（2）	（3）
InterestRate	0.0150 *** (1.64e-05)	—	-53.73 *** (0.338)
Zishu	0.0000235 *** (7.25e-06)	-0.0319 *** (0.000346)	-4.152 *** (0.0889)
Credit	-0.0534 *** (0.000108)	4.934 *** (0.00431)	215.4 *** (1.997)

续表

变量	（1）	（2）	（3）
Fundedlistings	0. 00140 *** （1. 52e−05）	0. 00257 *** （0. 000484）	−3. 822 *** （0. 123）
Unfundedlistings	−0. 0125 *** （4. 96e−05）	0. 0961 *** （0. 00294）	6. 113 *** （0. 750）
Less15	−0. 0114 *** （6. 95e−05）	0. 190 *** （0. 00313）	9. 983 *** （0. 800）
More15	−0. 0321 *** （0. 000437）	0. 0243 （0. 0343）	−9. 877 （8. 747）
Totalloan	−1. 62e−07 *** （2. 89e−09）	−4. 44e−07 *** （9. 25e−08）	0. 000267 *** （2. 35e−05）
Receivables	2. 95e−08 *** （1. 86e−09）	−4. 27e−08 （5. 96e−08）	−2. 75e−05 * （1. 52e−05）
Amount	2. 88e−06 *** （2. 35e−08）	−1. 99e−05 *** （8. 30e−07）	0. 00924 *** （0. 000213）
Repaymentperiod	0. 000213 *** （3. 70e−05）	−0. 168 *** （0. 00149）	−8. 620 *** （0. 386）
Age	−0. 000299 *** （9. 12e−06）	−0. 00722 *** （0. 000657）	2. 393 *** （0. 168）
Car	−0. 0107 *** （0. 000176）	0. 0458 *** （0. 0110）	−18. 29 *** （2. 790）
Gender	−0. 00211 *** （0. 000145）	0. 128 *** （0. 00962）	−19. 53 *** （2. 452）
Marriage	0. 00163 *** （9. 89e−05）	−0. 0926 *** （0. 00701）	7. 855 *** （1. 787）
Xueli	−0. 00206 *** （0. 000127）	−0. 0720 *** （0. 00516）	13. 38 *** （1. 313）

续表

变量	（1）	（2）	（3）
House	−0.00177*** （0.000110）	0.160*** （0.00576）	−41.37*** （1.468）
Observations	2758640	569590	566338
R-squared	0.946	0.909	0.106

注：系数下括号内为稳健标准误，***、*分别表示在1%、10%水平上显著。

第四节

本章小结

本章从投资人视角，从借款项目成功率、借款利率和满标需要的时间三个维度，基于"拍拍贷"平台的交易大数据，探讨了借款人对借款项目中软信息即借款描述的认知中存在的合取谬误现象，并从行为经济学视角揭示了网络借贷平台投资者认知中合取谬误出现的原因。本章研究发现，网络借贷平台借款人更偏好借款描述字数更多的项目，具体表现为，在控制项目特征和借款人特征等硬信息的条件下，借款描述字数越多的项目借款成功率越高，成功借款的利率更低并且借款项目满标需要的时间更短。网络借贷平台投资人对借款信息描述的认知存在合取谬误现象。

互联网金融投资者学历信息认知的
实证研究

上一章考察了互联网金融投资者对借款描述这一软信息的认知偏差，本章将考察互联网金融投资者对硬信息——借款人学历的认知行为。学历的经济价值是一个历久弥新的话题。1998~2008 年，我国高等教育注册人数增长了 6 倍（Knight 等，2017）。1995 年，我国受过高等教育城镇职工相对于高中教育城镇职工的学历溢价为 17%，2002 年这一学历溢价增加到 42%。已有对教育回报的研究多集中于劳动力市场。大量研究分析了各国劳动力市场上学历工资价值甚至是生命周期内的学历价值（Burbidge 等，2002；Perna，2003；Low 等，2004；Maozand，2004；Fang，2006；Walker & Zhu，2008；Baum，2014；Bhuller 等，2014；Deming 等，2016；Adams 等，2017）。譬如，Bhuller 等的研究估计显示，考虑所得税和收益相关的养老金权益后，挪威民众每增加一年教育可以带来 10% 的收益率。然而，Cole 和 Shastry（2009）指出，由于教育会通过影响个体的金融市场参与度影响个体学历的金融价值，那么已有对学历价值的研究实际上可能低估了人力资本投资的回报。资本市场上投资者是否能识别学历价值？现有研究鲜有能回答这一问题的经验证据。究其原因，在传统资本市场上，全面的借款人个人特征信息很难获取，数据的可得性限制了经验研究。然而，随着互联网金融在我国的迅速发展，P2P 网络借贷平台上对借款人个人特征信息的多维披露为该问题的研究提供了海量的数据。那么，互联网金融市场上投资者是否能识别学历价值？本章将分析互联网金融市场投资者对学历信息的识别能力，并进一步分析其识别行为是否理性。

第一节
引　言

　　人力资本是一国经济增长的重要源泉。已有大量文献探讨了劳动力市场上人力资本回报问题。为了尽可能处理内生性问题，目前对人力资本回报研究最前沿的方法是准自然实验方法（Daroliae 等，2015；Deming 等，2016；Deterding & Pedulla，2016）。Deming 等（2016）运用田野实验的方法研究美国劳动力市场上雇主对专科学历的认可度。研究人员自主设计虚拟求职人的简历，通过考察虚拟简历在人力市场上的反馈情况分析人力资本回报。准自然实验研究方法虽然能较好地处理内生性的问题，但仍然存在两个重大缺点。第一，在该方法中，人力资本回报这一重要指标是通过虚拟求职人是否通过初步筛选，如接到面试通知，这一指标来衡量。而通过初步筛选这一指标不能很好地代表实际的应聘结果，更不能反映实际的工资水平。因此，对人力资本回报的测度存在明显偏差。第二，该方法无法进一步研究学历回报的合理性，求职者在工作中表现的数据无法获得，限制了研究的进一步深入。与该方法形成鲜明对比，我们通过考察不同学历借款人实际借款利率水平来分析学历价值，对学历价值的测度更准确。本书通过考察不同学历借款人的还贷违约情况深入分析学历价值的合理性。

　　有部分研究通过调研数据，分析学历与金融参与度的关系。Gathergood（2012）通过分析英国的消费信贷市场调研数据发现受教育水平越低的贷款者越容易过度负债。然而，这类调研数据可用性仍然受到两个方面的限制。其一，受调研参与人数的限制，数据无法达到大样本，小样本数据不一定具有代表性；其二，调研人的数据不是借款人的实际借贷数据，也不是出借人的实际投资决策数据，不能准确地反映实际情况。受限于数据可得性，许多问题在现有研究中尚未找到答案：投资者是否能识别学历价值？具体而言，学历越高的借款人是否能享有更低的借款利率？投资者是否能识别男性借款人和女性借款人学历价值的差异？投资者对学历价值的识别行为是否理性？具体而言，学历越高的借款人是否有更强的自我约束能力，从而违约概率更低？

P2P 网络借贷在我国的迅速发展为研究提供了海量的可用数据。自 2007 年我国第一家网络借贷平台——"拍拍贷"成立，经历十年的迅速发展期，2017 年 11 月"拍拍贷"在美国纽约交易所成功上市。截至 2017 年 6 月，平台完成 13500000 个借款申请，成功融资超过 58 亿美元，平台用户超过 6000 万。在"拍拍贷"网络借贷平台上，借款人发布借款申请，必须披露个人特征信息，包括性别、年龄、受教育水平和婚姻状况等，这为投资者对学历信息识别能力的研究提供了大样本。同时，借款人还贷信息的披露为投资人学历信息识别能力的合理性研究提供了大数据。平台上积累的海量借贷数据打破了传统借贷市场借贷数据的局限性，为投资者信息识别能力的研究提供了可靠数据。廖理等（2015）运用我国 P2P 平台的数据从投资者是否投资的意愿和借款者违约结果两个方面考察了借贷市场对学历价值的识别，但是忽略了投资人对不同学历借款人提供的借款利率差异，这一指标能更准确地量化投资者对学历信息的识别程度。

本书运用"拍拍贷"平台 2016 年 1 月 28 日到 5 月 28 日的 100065 个借款项目的融资数据，研究了我国 P2P 网络借贷市场上投资者对学历价值的识别能力，进一步探究投资者通过教育程度识别信用风险的行为是否存在行为偏差。具体而言，本章将从两个方面展开讨论。第一，在借款项目的融资阶段，控制借款人特征的其他因素，探讨借款人学历与借款利率的关系，即与低学历借款人相比，高学历借款人是否享有更低的借款利率，同时进一步探讨了借款人性别与学历价值的关系，即与女性借款人相比，男性借款人通过获取高学历是否享有更低的借款利率。第二，在项目融资成功的借款人的还款阶段，考察借款人学历与违约的关系，即与低学历借款人相比，高学历借款人逾期还款的可能性是否更小。

我们的实证结果表明，一方面，在控制借款人所有个人特征之后，专科学历借款人借款利率水平比本科学历借款人要高 0.141%，这说明投资者能识别学历的金融价值；另一方面，从还贷表现来看，专科学历借款人比本科学历借款人更有可能逾期，这表明投资人对学历信息的识别行为不存在偏差。

第二节
理论基础和研究假说

基于教育权威性理论，社会学家认为，在一段历史时间内，学历证书已成为分配获得职业和社会地位的主要机制。在后工业时期，教育证书取代了传统的从业经验或其他雇用标准，成为证明个人技能和能力的主要方式。随着高等教育受众的不断扩大，这种"教育分配规则"意味着正规的学位等价于从业中的个人能力。这种制度分工的基础是认为教育成就是一种在后工业经济中分配地位有效和合法的方式。根据这一理论，借款人的高等教育水平带来的高社会地位和个人能力为其还贷提供了一定的保障。对出借人而言，他通过向个人借款人提供无担保的小额信贷以最大限度地提高个人效用。当利率相同时，最大限度地降低违约风险可以最大限度地提高贷款人的效用。因而，出借人更偏好高学历借款人的标的。

劳动力市场上主流的解释教育回报的人力资本和信号理论也能很好地解释金融市场的学历价值。高学历带来的较高收入为贷款提供了经济保证。根据人力资本理论，个人决定投资于教育，以提高个人技能和能力，使他们被雇主雇用的可能性最大化，从而提高个人收入水平。更高的收入意味着更好的还款能力。根据信号理论，雇员可以通过获得大学学历，向企业释放他具有比高中毕业生更高的能力的信号。同样地，借款人也可以通过获取学士学位，向出借人释放自己比专科学历借款人拥有更高的能力的信号。出借人接收到信号后做出投资决策。因此，根据人力资本理论和信号理论，投资人都更愿意向高学历借款人提供借款利率的优惠。

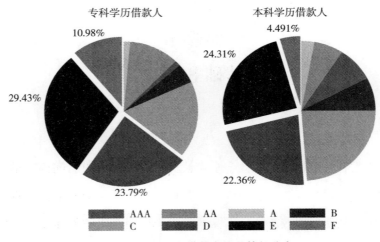

图 5-1　不同学历借款人信用等级分布

一般而言，具有较高学历的借款人的信用评级较高。图 5-1 显示了 2016 年 1 月 28 日至 2016 年 5 月 28 日"拍拍贷"网络借贷平台上根据借款人的学历分类的信用评级分布。从图 5-1 可知，在专科学历借款人中，信用评级为 D 或 D 以下借款人占比超过 64%，而在本科学历借款人中这一比例不超过 52%。因此，不难发现，信用等级为 D 或 D 以下的借款人的比例随着借款人学历水平的下降而增加。理性的出借人会更偏好信用水平较好的高学历借款人。从教育权威性理论、人力资本理论、信号理论和经验证据的相关分析均可以得知，理性的出借人为使个人效用最大化偏好高学历借款人。据此，本章提出假说 1。

假说 1：P2P 网络贷款平台投资人能识别学历价值，在控制借款人其他个人特征和项目特征之后，本科学历借款人的借款利率比专科学历借款人更低。

现有对小额信贷中的性别歧视研究发现，女性贷款申请收到的拒绝率明显高于男性，支付的贷款利率也明显高于男性。在控制业务记录和信用记录后，Alesina 等（2013）的研究也得到了类似的结论。因此，可以预见，控制借款人其他个人特征之后，出借人对男性的学历价值认可度较女性学历价值认可度更高。可以通过两种可能的原因来研究金融市场中学历价值的性别差异。首先，即使获得更高的学位，与男性相比，女性仍然倾向于发展规模较小的业务，但小规模业务增长机会较低，风险较高，利润较低。因此，难以偿还贷款。因而，理性出借人对女性学历价值认可度低于对男性学历价值认可度。其次，与女性出借人相比，男性出借人更容易歧视女性借款人。尽管女性借款人获得较高学历，但男性出借人对高学历女性借款人给予的利率优惠仍然低于高学历男性借款人。而对"拍拍贷"平台出借人的性别特征统计显示，男性出借人的人次在 2000 万左右，是女性出借人的 3.8 倍。这一结果表明，在 P2P 借贷中，男性出借人比女性出借人活跃得多。因而，可以预见，整体上而言，"拍拍贷"平台对男性的学历价值认可度高于对女性学历价值认可度。据此，本章提出假说 2。

假说2：出借人对男性学历价值认可度高于对女性学历价值认可度，在控制借款人其他个人特征之后，男性借款人通过学历提升享受的利率降低多于女性借款人。

廖理等（2015）认为，高等教育不仅通过教授专业知识提高个人能力从而提高个人收入水平，更重要的是高等教育中的人格教育培养了个人的自律精神和信用操守。他们的研究发现，高等教育年限增强了借款人的自我约束能力，高学历借款人的如期还款概率更高。根据前文假说和该观点可知，出借人对学历价值认知不存在偏差。据此，本章提出假说3。

假说3：出借人对学历价值的认知行为不存在偏差，在控制借款人其他个人特征之后，本科学历借款人较专科学历借款人逾期概率更低。

第三节

数据说明与变量选择

本章样本来源于 2016 年 1 月 28 日到 2016 年 5 月 28 日在"拍拍贷"平台借款并披露借款人学历信息的所有项目。样本共有 100065 个项目列表。其中，成功借款项目占比为 66.56%，成功借款项目平均贷款金额为 4267 元，借款失败项目占比为 33.44%。项目信息为网络爬虫技术获取的页面所有信息，包括借款人的借款目标金额、借款利率、信用等级、学历水平、性别、年龄和个人历史借款信息等。我们数据类型与现有运用波士顿联邦储备银行的按揭贷款数据进行种族歧视研究的有影响力的研究数据类型类似。在这种类型的分析中，最典型的问题是可能会因为遗漏变量导致内生性，使估计结果出现偏差。为了解决这个问题，我们搜集了出借人在做出决策时可以看到的所有信息。可以预见本书的估计模型拟合度很高，能较全面地解释利率差异产生的原因。接下来将对变量进行说明并进行统计性描述。

一、教育信息

在"拍拍贷"网络借贷平台，借款人的教育信息由借款人自愿披露。借款人将其教育证书在平台上传，然后由平台后台工作人员进行官方验证。研究表明，专科学历和本科学历借款人占比超过60%。我们侧重于分析出借人对专科学历和本科学历信息的识别。从出借人的学历水平来看，专科学历借款人和本科学历借款人占总人数的比重分别为63.41%和36.59%。借款人学历水平用哑变量 Diploma 进行衡量，1表示借款人为本科学历，0表示借款人为专科学历。

二、信用信息

"拍拍贷"平台上借款人信用等级从高到低依次为 AAA、AA、A、B、C、D、E 和 F，共8个等级。平台采用有效的风险控制模型来估计借款人的风险等级，为出借人的出借决策提供重要的信用风险指标，由于风险控制模型涉及平台的商业秘密，我们无法获取到具体模型的设定。但从"拍拍贷"平台介绍可知，信用等级的评价主要基于两类基本信息。第一类信息是借款人个人特征信息。这类信息由借款自愿提供，然后由平台后台进行审查和认证。这类个人特征信息包括个人性别、年龄、所在公司的规模（人数）、职业、收入、毕业学校、学历、入学时间、抵押贷款、汽车贷款和家庭或其他财产所有权等。这些信息通过借款人提供的证书及其他证明材料进行认证，其中包括中国人民银行签发的个人信用报告、身份证复印件、学历证书、工作许可证和劳动合同副本、雇主出具的收入核实证明或工资卡银行结单、结婚证、户口簿、房产证明、汽车产权证明和电话认证等，然后由平台审核证书的真实性。其中大部分信息是出借人无法直接在借款申请页面观察到的。第二类信息是借款人在申请贷款时在"拍拍贷"平台上已有的借贷信息和还款信息。这些信息包括贷款总额、借款人的应收账款、全额还款次数和逾期还款次数等。我们构造变量 Credit 衡量借款人的信用等级，1 表示信用等级为 AAA、2 表示信用等级为 AA，依次类推。数值越大表示信用等级越低。

三、利率信息

借款利率是借款人的融资成本。根据申请借款的不同阶段，可以将利率分为设定利率和实际利率两种。设定利率是在贷款申请时，由借款人主观设定的利率。理性的借款人会设置一个最优的利率。过低的利率虽然可以降低借款成本，但在其他特征相同的情况下，会减少其对出借人的吸引力。由于与国外某些网络借贷平台不同，我国网络借贷平台均采用全款融资的方式，即如果在项目规定的期限内，个体出借人贷款总金额没有达到项目融资目标，那么借款项目融资失败，已经投资的款项全部退还到出借人账户，不能实现部分融资，项目的低利率降低项目借款成功的概率。同样地，设定过高的利率虽然可以增加项目借款成功的概率，但是较高的借款成本会减少借款人效用。那么，当借款人对自己还款能力很有信心的时候，会设定一个相对较低的利率水平。因此，设定的利率水平在一定程度上反映了借款人对自己信息的认知。

表5-1 为专科学历借款人和本科学历借款人设定利率的统计性描述。相关监管文件规定网络借款平台的最高利率为 36%，最低利率为 7%。不同学历借款人的最高利率均为 36%，最低利率均为 7%。由表 5-1 可知，专科学

历借款人设定利率的平均值为 19.470%，而本科学历借款人设定利率的平均值为 17.912%。平均而言，专科学历借款人设定的借款利率比本科学历借款人要高。表 5-2 报告了这两类借款人设定利率平均差异显著性检验的结果。可以发现，专科学历借款人的设定利率平均值比本科学历借款人高 1.559%。并且 T 检验和 Wilcoxon 秩和检验都证实了这种均值差异在 1% 的显著性水平上是显著的，这表明专科学历借款人比本科学历借款人显示出更少的自信心。

表 5-1　不同学历借款人设定利率的统计性描述

教育水平	观测值	均值	标准误	最小值	最大值	50%分位数
专科学历借款人	62558	19.470%	7.905	7%	36%	20%
本科学历借款人	36096	17.912%	7.193	7%	36%	20%

表 5-2　不同学历借款人设定利率均值差异的显著性检验

	均值差异	T 检验	Wilcoxon 秩和检验
本科学历借款人 V.S. 专科学历借款人	1.559%	30.820 ***	35.147 ***

注：*** 表示在 1% 水平上显著。

与设定利率不同，实际利率是借款人设定利率中被贷款人接受的部分，即项目融资成功之后，借款人借款的实际利率。实际利率是借款人接受利率和出借人接受利率的交集，不仅能反映借款人的行为，更能够有效反映不同学历借款人实际利率的差异，揭示出借人的决策行为和对学历价值的识别能力。表 5-3 为专科学历借款人和本科学历借款人实际利率的统计性描述。专科学历借款人的实际利率的平均值为 21.697%，比本科学历借款人的交易利率平均值 19.517% 高出 2.18%，还比专科学历借款人平均设定利率高 2.227%。并且，专科学历借款人实际利率的 50% 分位数是 22%，而本科学历借款人实际利率的 50% 分位数只有 20%。通过比较表 5-1 和表 5-3，不难发现对这两类学历借款人，实际交易利率均远远高于借款人设定的利率。同样地，表 5-4 中报告了不同学历借款人实际利率平均值差异的 T 检验和 Wilcoxon 秩和检验的结果。T 检验和 Wilcoxon 秩和检验均表明专科学历借款人和本科学历借款人的实际利率差异在 1% 的水平上显著。比较表 5-4 和表 5-2 不难发现，不同学历借款人的平均实际利率差异 2.180% 大于其设定利率的平均差异 1.559%。这种不断扩大的均值差异表明，网络借贷平台的投资者对学历价值的认可度高于借款人对学历价值的认可度。

表 5-3　不同学历借款人实际利率的统计性描述

教育水平	观测值	均值	标准误	最小值	最大值	50%分位数
专科学历借款人	41685	21.697%	7.324	7%	36%	22%
本科学历借款人	23914	19.517%	6.880	7%	36%	20%

表 5-4　不同学历借款人实际利率均值差异的显著性检验

	均值差异	T 检验	Wilcoxon 秩和检验
本科学历借款人 V.S. 专科学历借款人	2.180%	37.5029 ***	42.665 ***

注：*** 表示在 1% 水平上显著。

众所周知，借款利率主要取决于借款人的信用评级。不同学历借款人之间利率水平的差异是否是由其信用水平差异造成？我们进一步比较不同学历借款人信用水平差异。表 5-5 列出了专科学历借款人和本科学历借款人的信用评级频率分布。借款人信用级别从高到低分别为 AAA、AA、A、B、C、D、E、F。根据上文对信用评级变量的赋值可知，信用评级越高，赋值越小。由表 5-5 可知，所有借款人的信用评级平均值为 5.062。专科学历借款人信用均值为 5.286，大于本科学历借款人的信用均值 4.671。从平均水平来看，本科学历借款人信用水平高于专科学历借款人。信用评级为最差的 D、E、F 级的借款人占专科学历借款人比例达到 52%，而该信用级别借款人占本科学历借款人比例仅为 36.06%。可以得出结论，整体而言本科学历借款人信用水平高于专科学历借款人，实际借款利率差异可能是由信用水平差异引起的。那么，控制住信用评级的因素后，投资者是否仍然认可学历价值？

表 5-5　专科学历借款人和本科学历借款人信用水平频率分布　单位:%

信用评级	总体	专科学历借款人	本科学历借款人
AAA	5.150	1.780	11.02
AA	11.69	13.89	7.840
A	2.650	1.970	3.840
B	7.790	6.340	10.32
C	26.29	23.64	30.91
D	24.97	26.23	22.77
E	14.39	16.97	9.890
F	7.070	9.180	3.410
信用得分均值	5.062	5.286	4.671
合计	100	100	100

四、其他信息

其他控制变量主要分为三类。第一类是借款项目的基本信息。其中包括借款项目的目标融资金额，用 Amount 表示；借款成功后还款期，用 Repaymentterm 表示。第二类是借款人在网贷平台历史借贷情况和还贷情况。历史借款信息包括借款人在"拍拍贷"平台投资的应收账款，它为借款人还贷提供了一定的经济保证。因此，我们预计有更多应收账款的借款人利率更低，该变量对利率产生负向影响，用 Receivables 表示。历史借款信息还包括借款人在平台历史累计的总借款金额，通过该变量信息可以反映借款人在平台的借款经验，用 Totalloan 表示。此外，还包括借款人在平台成功借款次数和失败借款次数信息，分别用 Fundedlistings 和 Unfundedlistings 表示。历史还贷情况信息可以直接反映借款人的逾期风险，我们控制了两类指示，分别是借款人还款逾期超过 15 天的次数和借款人还款逾期少于 15 天的次数，分别用 More15 和 Less15 表示。预测两个指标对借款利率有正向影响。第三类是披露的借款人个人信息，包括性别、年龄、是否有车、是否有房及婚姻状况。性别特征用哑变量 Gender 表示，1 为男性，0 为女性；年龄特征用哑变量 Age 表示，年龄在 35 岁以上为 1，35 岁以下为 0；拥有车的情况用哑变量 Car 表示，拥有车为 1，其他为 0；拥有房产情况用哑变量 House 表示，1 表示借款人拥有房产，否则为 0；婚姻状况用 Marriage 表示，离婚为 1，其他为 0。考虑到线下的借贷市场利率会影响网贷平台借款利率，我们选取中央银行规定的银行贷款基准利率作为线下借贷利率的测度变量，用 Bankrate 表示。所有变量的统计性描述如表 5-6 所示，由于历史累计贷款金额（Totalamount）、平台待收金额（Receivables）和目标借款金额（Amount）这三个变量的标准差较大，均以对数形式计入模型。由表 5-6 可知，平均每个项目的目标贷款金额为 4222 元，平均的还款期限为 9.989 个月。

表 5-6　变量及其统计性描述

变量	均值	标准差	最小值	最大值
InterestRate	20.90%	7.242	7%	36%
Diploma	1.365	0.481	1	2
Credit	5.062	1.876	1	8
Fundedlistings	6.930	27.06	0	530
Unfundedlistings	0.763	1.596	0	24

续表

变量	均值	标准差	最小值	最大值
Totalloan	28157	152112	0	3825000
Receivables	21486	150531	0	6192000
Less15	0.478	1.694	0	46
More15	0.00473	0.133	0	14
Gender	0.752	0.432	0	1
Age	0.251	0	1	0.251
Car	0.172	0.378	0	1
House	0.490	0.845	0	2
Marriage	0.393	0.484	1	1
Amount	4222	6976	100	500000
Repaymentterm	9.989	3.048	1	24
Bankrate	4.350%	0.00765	4.350%	4.750%

第四节
实证结果

本书通过使用普通最小二乘估计（OLS），并控制其他项目特征、个人特征控制和月份效应来考察借款人学历和性别对融资利率的影响。基本的线性回归模型如下：

$$\mathrm{InterestRate(funding)}_i = \alpha_1 \mathrm{Diploma}_i + \alpha_2 \mathrm{Gender}_i + \alpha_3 \mathrm{Diploma}_i \times \mathrm{Gender}_i +$$
$$\alpha_4 \mathrm{Othervariables}_i + \varepsilon_i \qquad (5-1)$$

模型中加入了学历和性别的交互项 $\mathrm{Diploma}_i \times \mathrm{Gender}_i$，以考察学历对借款利率影响中受性别影响的部分。对于女性来说，学历对利率的影响用 α_1 表示，而男性则用 $\alpha_1 + \alpha_3$ 表示。

表 5-7 为模型的估计结果。从模型 1 的估计结果可知，在控制了借款人个人特征和项目特征后，专科学历借款人的实际借款利率比本科学历借款人高 0.141%，并且在 1% 的水平上显著。这很好地说明了网络借贷平台投资人能识别学历价值，假说 1 被证明。模型 2 的估计结果显示，虽然男性借款人的借款利率显著高于女性借款人，但是获得本科学历可以使男性借款人的利率显著地下降 0.209%，而对女性借款人的利率没有显著影响，说明投资人对男性借款人学历的认可度高于女性借款人，这支持了假说 2。两个模型的拟合度均达到 0.86，模型拟合度非常高，说明模型能很好地解释借款利率差异。

表 5-7　不同学历借款人利率差异的回归分析

解释变量	模型 1	模型 2
Diploma	−0.141 *** (0.023)	0.069 (0.045)
Gender	0.082 *** (0.025)	0.179 *** (0.031)
Diploma×Gender	—	−0.278 *** (0.051)
Credit	3.712 *** (0.007)	3.712 *** (0.007)

续表

解释变量	模型 1	模型 2
Bankrate	9.180*** （1.393）	9.257*** （1.393）
Funded	−0.003*** （0.001）	−0.003*** （0.001）
Unfunded	0.031*** （0.007）	0.031*** （0.007）
Less15	0.197*** （0.007）	0.198*** （0.007）
More15	−0.044 （0.080）	−0.045 （0.080）
Log（Totalloan）	0.053*** （0.003）	0.053*** （0.003）
Log（Receivables）	0.077*** （0.006）	0.077*** （0.006）
Age	−0.112*** （0.043）	−0.110** （0.043）
Car	−0.038 （0.030）	−0.039 （0.030）
Marriage	−0.063*** （0.010）	−0.063*** （0.010）
House	0.040 （0.028）	0.039 （0.028）
Log（Amount）	−0.583*** （0.016）	−0.583*** （0.016）
Repaymentperiod	−0.198*** （0.004）	−0.198*** （0.004）
Month	control	control
Constant	−31.901*** （6.049）	−32.310*** （6.049）
Obs	65599	65599

续表

解释变量	模型 1	模型 2
R-square	0.860	0.860

注：系数下括号内为稳健标准误，*** 、** 分别表示在 1%、5% 水平上显著。

接下来讨论其他控制变量对借款利率的影响。两个模型的回归结果均显示信用等级每下降一级，会使借款利率显著上升 3.712%，并且均在 1% 水平上显著，这表明信用越低的借款人必须支付越高的借款利率，十分符合预期。而银行贷款利率对网络贷款平台借款利率的影响有显著的正向影响，银行借贷利率每上升一个点，网贷平台借款利率大约上升 9 个点，说明线下借贷市场利率变化是影响网络贷款平台利率变动的重要因素。从借款人的网贷经验来看，成功借款次数对利率有显著负向影响，而失败借款经验对借款利率有显著的正向影响，并且均在 1% 水平上显著。从还贷信息来看，少于 15 天的逾期还款次数每增加一次，借款利率增加 0.19 个点，并且在 1% 的水平上显著，而多于 15 天逾期还款次数对借款利率影响不显著。有趣的是，从借款人应收款项来看，应收款项对借款利率有积极的影响，并且在 1% 的水平上显著，这表明在平台应收款项越多的人借款的利率反而更高，一个可能的解释是通过对数据的分析，我们发现部分投资者通过平台利差谋取收益，具体操作是投资人 A 通过自己的良好信用在平台上以较低的利息借入资金，然后将资金以较高的利息贷给其他人，以赚取利差，这种情况下投资人 B 借款给投资人 A 的话，相当于投资人 B 以较低的利息将资金间接借给了风险更大的借款人，尽管借款人有大量的应收款项，实际上其偿还贷款风险较大。聪明的投资人识别到这类应收款项较多的借款人时，仍然要求较高的利率。

从借款人个人特征来看，女性借款人的借贷利率显著低于男性借款人，并且在 1% 的水平上显著。年龄在 35 岁以上的借款人借款利率显著比

35 岁以下的借款人低 0.11 个点,这表明投资人更相信成熟的借款人。而是否拥有车或房产对借款利率的影响不显著。从目标融资金额来看,目标融资金额越高,借款利率越高,并且在 1% 的水平上显著。

为进一步探讨网贷平台投资者对学历价值识别是否存在偏差,我们进一步考察了不同学历借款人的还款表现。然而,"拍拍贷"平台不会每月披露借款成功项目的还贷情况,只有投资者能观测到他投资项目每月还贷情况。还贷表现数据的可得性限制了研究的深入。幸运的是,"拍拍贷"平台从 2016 年 12 月 1 日至 2017 年 1 月 23 日对披露信息进行了调整。在此期间,平台会在项目信息中披露借款人在过去六个月的还款表现。那么,可以观测借款人在 2016 年 6 月至 2016 年 12 月的还贷情况。如果借款人某月如期还款,那么页面上显示他的该月还贷情况记 0;如果借款人该月到期未还款,逾期十天才还款,那么页面上显示他的该月还贷情况记 -10;如果借款人提前两天还款,那么页面上显示他的该月还贷情况记 2。

本章数据来源于"拍拍贷"平台 2016 年 6 月至 2016 年 12 月的 42073 名借款人的还款情况。在这六个月还贷表现中,34.15% 的借款人次没有违约记录。从所有人每月还款的逾期时间来看,有 75% 的时间没有出现逾期,20.03% 的时间逾期还款是在不到 15 天的时间内完成的。在每个月中,只有 5% 的时间还款逾期超过 15 天。其中,还款逾期的最长时间为 341 天。据此,我们构建被解释变量即哑变量 default,为 1 表示在样本期内借款人出现逾期还款的情况,为 0 表示在样本期内借款人全部如期或提前还款,没有出现逾期还款的情况。

此次"拍拍贷"平台页面改版后,出借人直接观测到借款项目页面披露的信息有所变化。借款人个人特征信息除了借款人信用等级、性别、年龄和学历水平之外,还披露了借款人的职业特征信息。借款人职业可以分为五类，分别是工薪族、私营企业主、网店店主、学生和其他职业。为了更好地识别借款人职业对还贷表现的影响，我们选择用四个虚拟变量刻画借款人职业，分别是 Privatebusiness、Onlinestore、Wageearner 和 Student。变量具体说明如表5-8所示。从借款人职业占比来看，工薪族借款人占比达到53.58%，构成借款人的主体。私营企业主借款人占比为10.12%，说明 P2P 网络借贷平台在一定程度上缓解了小微企业融资难的问题，满足了金融市场上长尾群体的资金需求。学生借款人和网店店主借款人占比分别为1.13%和0.9%，其他工作的借款人占比为34.27%。

表5-8 变量说明和统计性描述

变量	变量描述	均值	标准差	最小值	最大值
Credit	信用状况	4.836	2.318	1	8
Gender	性别	0.770	0.421	0	1
Age	年龄	0.067	0.250	0	1
Diploma	学历	0.313	0.464	0	1
Onlinestore	1为网店店主；0为其他	0.009	0.095	0	1
Wageearner	1为工薪族；0为其他	0.536	0.499	0	1
Student	1为学生；0为其他	0.011	0.106	0	1
Fundedlistings	借款人在平台成功借款次数	3.591	5.464	1	362
Unfundedlistings	借款人在平台失败借款次数	0.255	1.013	0	29
Totalloan	历史累计贷款金额	12334	39275	101	2008301
Pending	平台待支付债务金额	3578	7861	1	397219
Receivables	平台待收债权金额	1391	59663	1	5292188
Maxloan	历史单笔借款最大借款金额	5265	5797	101	442001
Videoauth	哑变量：借款人提供视频认证信息并审核通过为1；否则为0	0.061	0.239	0	1

续表

变量	变量描述	均值	标准差	最小值	最大值
Phoneauth	哑变量：借款人通过手机实名认证为1；否则为0	0.374	0.484	0	1
Creditauth	哑变量：借款人提供人行征信报告并审核通过为1；否则为0	0.047	0.212	0	1
Hukouauth	哑变量：借款人提供户籍证明并审核通过为1；否则为0	0.036	0.187	0	1

　　除上述贷款和借款变量外，我们还观察未付债务和单笔贷款的最高金额。此外，借款人的视频、手机、户口认证信息以及中央银行颁发的信用认证都受到了控制。借款人历史借款信息方面，除了成功借款次数、失败借款次数、历史累计借款金额和平台待收金额之外，还增加了平台待支付债务（用变量 Pending 表示）和贷款人在平台单笔借款的最大金额（用 Maxloan 表示）。除此之外，改版后的页面上出借人可以直接观测到借款人的认证信息，包括视频认证、手机认证、人民银行征信认证和户口认证，分别用虚拟变量 Videoauth、Phoneauth、Creditauth 和 Hukouauth 表示。变量的具体说明和统计性描述如表 5-8 所示。由表 5-8 可知，37.4% 的借款人进行了电话实名认证，只有 6.09% 的借款人提供了视频认证信息，4.71% 的借款人提供了人民银行征信报告，3.64% 的借款人提供了户口证明材料。其他变量已经在前文说明，在此不再赘述。

　　在模型的估计中，被解释变量只有两个取值时，一般使用二元选择模型。本章的被解释变量为借款人是否如期还款。因此，本章选择二元 Logit 模型对借款人如期还款的概率进行实证分析。模型构建如下：

$$\text{Probability (default)}_i = \alpha_1 \text{Diploma}_i + \alpha_2 \text{Othervariables}_i + \varepsilon_i$$

　　基于 Logit 模型的估计结果如表 5-9 中列（1）所示。从 Diploma 的估计系数可知，本科学历借款人比专科学历借款人逾期还款的概率低 13%，并且这一结果在1%的水平上显著，这表明出借人给本科学历借款人更低借款利率的行为是理性的，出借人能识别学历价值。

表5-9　不同学历借款人还贷表现的回归分析

解释变量	（1）	（2）
Diploma	−0. 145 *** （0. 023）	−2. 048 *** （0. 493）
Gender	0. 129 *** （0. 025）	1. 170 ** （0. 532）
Age	0. 136 *** （0. 043）	−0. 492 （0. 894）
Credit	0. 017 *** （0. 005）	−0. 080 （0. 111）
Privatebusiness	−0. 211 *** （0. 038）	−3. 463 *** （0. 822）
Onlinestore	−0. 330 *** （0. 109）	−0. 557 （2. 383）
Wageearner	−0. 040 * （0. 024）	0. 791 （0. 512）
Student	0. 204 ** （0. 104）	3. 369 （2. 217）
Fundedlistings	−0. 054 *** （0. 005）	−0. 363 *** （0. 057）
Unfundedlistings	−0. 055 *** （0. 010）	0. 063 （0. 225）

续表

解释变量	（1）	（2）
Ln_ Maxloan	0.104 *** （0.035）	−0.784 （0.645）
Ln_ Totalamount	0.253 *** （0.033）	5.081 *** （0.563）
Ln_ Pending	0.015 *** （0.003）	−2.060 *** （0.074）
Ln_ Receivables	0.137 *** （0.018）	1.108 *** （0.289）
Videoauth	−0.158 *** （0.048）	−3.134 *** （1.040）
Phoneauth	−0.160 *** （0.027）	0.006 （0.569）
Creditauth	0.120 ** （0.053）	0.907 （1.114）
Hukouauth	0.104 * （0.062）	−0.647 （1.295）
Constant	−2.387 *** （0.139）	−9.591 *** （2.972）

注：*** 、** 、* 分别表示在1%、5%、10%水平上显著。

　　从其他控制变量的回归结果来看，男性借款人逾期还款的概率显著高于女性借款人，这可能是男性借款人借款利率较女性借款人高的原因。年龄在35岁以上的借款人较35岁以下的借款人逾期还款的概率更高，并且这一结果在1%的水平上显著。如前文所述，信用水平越差的借款人逾期还款的概率显著高于信用水平高的借款人。我们的模型也控制了借款人的职业，实证结果表明私人企业主和在线商店店主的系数显著为负，表明商业借款人比其他职业借款人逾期还款的概率更低，说明商业借款人更加注重信用的积累。工薪族借款人较其他借款人违约的概率也较小。但是，学生借款人逾期还款的概率显著高于其他职业借款人，并且在1%的水平上显著。Student 回归系数表明学生借款人逾期还款的概率比其他职业借款人高 22.7%。从平台历史借款经验来看，本书实证表明无论借款人借款是否成功，拥有更多融资经验的借款人的逾期还款的概率更低，这表明有经验的借款人可能更注重信用的价值。但是，单笔贷款金额越大的借款人和贷款总额越大的借款人，逾期还款的概率更高。在认证信息方面，具有视频认证或手机认证的借款人比没有该认证的借款人逾期还款的概率更低，并且在1%的水平上显著。而通过央行征信报告认证的借款人和户籍认证的借款人逾期还款的概率更低，这表明视频和电话实名认证是监督借款人如期还款的有效方式，而户籍认证或信用认证或许只是某些借款人为争取到借款采取的策略。

第五节

稳健性检验

为了检验本章结果的稳健性，我们进一步实证检验学历对逾期还款天数的影响。将逾期天数作为被解释变量，运用普通最小二乘的估计结果如表5-9列（2）所示，由表5-9可知，专科学历借款人逾期天数显著高于本科学历借款人，并且在1%的水平上显著。进一步表明，对本科学历借款人给予更低的借款利率是合理的。出借人能有效识别学历价值。

第六节

本章小结

　　本章首先基于人力资本理论和信号理论提出投资人对学历信息识别的几个假说。然后基于"拍拍贷"平台的大数据，运用二元选择 Logit 估计和普通最小二乘估计，从借款人利率和还贷表现两个维度实证检验了借款人对学历信息识别的假说。实证结果表明，在控制借款人其他个人特征和项目特征之后，投资人给予本科学历借款人的借款利率比专科学历借款人更低，并且男性借款人通过学历提升享受的利率降低多于女性借款人。说明投资者能有效识别学历价值。从还贷表现来看，专科学历借款人较本科学历借款人逾期概率更高，逾期的天数更长。因此，出借人对本科学历借款人给予较专科学历借款人更低的利率是理性的行为，这表明投资人对学历信息的识别行为不存在偏差。

研究结论与政策启示

　　信息在现代金融体系中的作用不言而喻，但是截至目前，关于信息接收者（投资者视角）如何进行信息识别和投资决策的研究还远远不足。在强有效的市场中，投资者只需要观测价格，就能获得全部信息。但在现实生活中，市场永远不可能达到强势有效状态（Grossman & Stiglitz, 1980），信息释放方和信息接收方之间的信息不对称永远存在。在金融市场中，个体投资者通常处于信息劣势，那么个体投资者是否具有信息识别能力？其信息识别行为是否存在偏差？那些经验和知识明显不足的投资者是否存在跟风的羊群行为或者旁观者行为？投资者能有效识别软信息吗？其对软信息的识别是否存在认知偏差？什么原因引致这种认知偏差？这些问题都有待探讨。

第一节
研究结论

在现有研究成果的基础上，运用我国互联网金融平台交易数据对投资者信息识别行为和羊群行为进行深入探讨。互联网金融平台交易的大数据为实证研究提供了有力的数据支持。一方面，虽然互联网金融平台在一定程度上缓解了信息不对称，但是平台要求融资人披露一些信息，融资人仍然存在隐藏不利信息的动机，融资人和投资者之间仍然存在着信息不对称，投资者是信息相对缺乏的一方。另一方面，由于投资者和融资者之间只存在线上的联系，投资者所能观测到的信息为平台披露的所有信息，通过对平台披露信息的控制可以解决由于遗漏变量引起的内生性问题。这种数据环境为我们研究投资者信息识别提供了良好的实验场所。

我们运用 P2P 网络借贷平台"拍拍贷"交易数据和众筹平台"众筹网"交易数据，从投资者对学历信息识别行为、投资者羊群行为或旁观者行为以及投资者对借款描述软信息的识别行为三个方面对上述问题进行了深入研究。研究表明，互联网金融模式作为一种去中介化的金融模式，虽然有效降低了交易成本，提高了资金融通的效率，但由于平台仅仅作为信息中介，缺乏传统信用中介，再加上我国投资者缺少专业知识和手段识别互联网金融市场上长尾融资人的信用水平，投资者表现出有限理性的投资行为，他们具有一定的信息识别能力，但不能完全识别信息。具体来说，一方面，投资者对学历信息这类硬信息的识别能力较强，并且识别行为不存在偏差；另一方面，投资者对于借款描述这一类软信息表现出合取谬误的认知偏差；投资者的投资行为在融资期限内并不是一直不变的，会随着融资期限的变化而变化。

首先，我们运用互联网金融发展指数刻画了我国互联网金融发展现状，发现互联网金融的去中介化特征虽然打破了资金融通的地域限制，但是互联网金融的发展呈现出显著的地域差异和产业集聚的特征。东部地区特别是长三角地区和珠三角地区互联网金融发展程度较高，其中东部地区的互联网投资和互联网保险与中西部地域差异较为明显。

其次，我们从投资者行为动态变化的视角，运用我国众筹平台"众筹网"的10236条交易数据探讨了我国众筹市场上投资者心理特征变化引致的投资者行为变化。研究结果表明，与传统资本市场上投资者的单一羊群行为不同，互联网金融市场上投资者行为随着项目融资期限的变化而变化。在众筹项目融资早期，信息不对称相对较严重，投资者更容易跟风投资融资进度较高的项目，羊群效应较为显著。到项目融资中期，投资者的羊群行为出现弱化，责任扩散的心理特征引致的旁观者效应逐步显著。在融资晚期，受截止日期效应的影响，投资者的旁观者行为程度减弱。进一步地，我们考察了项目异质性对投资者行为的影响，发现在信息较对称的项目融资早期，投资者的非理性羊群行为不显著，在融资中期投资者的旁观者行为程度也大大下降。这表明，信息不对称的缓解可以有效减弱投资者的羊群行为和旁观者行为。

再次，我们从借款项目成功率、借款利率和满标需要的时间三个维度，基于"拍拍贷"平台的交易大数据，探讨了借款人对借款项目中软信息即借款描述的认知中存在的合取谬误现象，并从行为经济学的视角揭示了网络借贷平台投资者认知中合取谬误出现的原因。研究发现，网络借贷平台借款人更偏好借款描述字数更多的项目。具体表现为，在控制项目特征和借款人特征等硬信息的条件下，借款描述字数越多的项目借款成功率越高，成功借款的利率更低并且借款项目满标需要的时间更短。网络借贷平台投资人对借款信息描述的认知存在合取谬误现象。

最后，我们基于人力资本理论和信号理论提出投资人对学历信息识别的几个假说。运用我国首家 P2P 网络借贷平台"拍拍贷"的 100000 条网络贷款的交易数据，从借款人利率和还贷表现两个维度考察了投资者对借款人学历价值的识别能力和识别行为。实证结果表明，在控制借款人其他个人特征和项目特征之后，投资者给予本科学历借款人的借款利率比专科学历借款人更低，并且投资者给予男性借款人通过学历提升得到的利率降低多于女性借款人。说明投资者能有效识别学历价值。而从还贷表现来看，专科学历借款人较本科学历借款人逾期概率更大，逾期的天数更长。因此，出借人对本科学历借款人给予较专科学历借款人更低的利率是理性的行为，这表明投资人对学历信息的识别行为不存在偏差。

第二节
启示与政策建议

研究表明我国互联网金融市场投资者是有限理性的，虽然具有信息识别能力，能够识别金融市场上学历的价值，但是不能完全识别信息。具体表现为众筹市场投资者前期的羊群行为和后期的旁观者行为，P2P 网络借贷市场上投资者对描述信息表现出合取谬误的认知偏差。在互联网金融发展的早期，互联网金融机构跑路、倒闭、自融、诈骗、非法集资等各种问题层出不穷的背景下，投资者行为偏差不仅给个人造成经济损失，而且加剧互联网金融市场的波动，带来经济和社会的不稳定因素。

为了促进互联网金融健康稳定的发展，本书从投资人、互联网金融平台和政府三方联动视角提出政策建议。第一，互联网金融平台需要加大对融资人硬信息和软信息的披露力度。第三章对众筹项目异质性的研究表明，视频信息披露有助于缓解市场上的信息不对称，从而使投资者行为的"羊群效应"和"旁观者效应"减弱。因此，对借款人信息的更多披露有利于抑制信息扭曲、提高信息质量、缓解信息不对称问题。第二，需要加快推进金融普及教育。第四章的实证研究表明，投资者在信息认知过程中所犯的逻辑错误也会导致投资者行为偏差。因此，普及民众金融教育有助于互联网金融市场上非专业投资者的理性投资，降低系统性行为偏差。第三，将网络借贷记录纳入央行征信系统。这一制度将放大互联网金融市场信用的约束激励机制，防止网络借贷市场出现"劣币驱逐良币"现象，有助于解决事后道德风险问题。

一、加强平台信息披露有利于缓解信息不对称

根据第三章中的"之"字曲线和"浴缸"曲线的对比启示，我国众筹融资平台应加强项目的审核、监督和管理，提高对项目软信息和硬信息披露数量和质量的要求。作为第三种金融模式，互联网金融作为纯信息中介，应该通过更多的信息披露抑制市场信息扭曲、提高市场上信息质量，进一步降低互联网金融市场的信息不对称，为投资者的投资决策提供全面而有效的信息依据。

一方面，互联网金融平台可以通过与互联网社交平台合作，披露发起人微博主页等社交网络信息，可以在一定程度上保障融资人提供信息的真

实性和有效性，尽可能地缓解资金供需双方的信息不对称。

另一方面，互联网金融平台可以通过与大数据征信公司如蚂蚁金服的合作，进一步发掘借款人的信用特征信息，进而降低投资者的信息搜集成本和交易成本，提高互联网金融市场信息的透明度。

二、普及金融教育促进理性投资

互联网金融作为普惠金融的一种模式，虽然很大程度上降低了普通民众参与金融市场的门槛，使民众享受到了更多金融服务，但是由于我国民众投资经验较少并且缺乏专业知识，从而大众投资者面临更多的风险。因此，我们建议加快推进金融普及教育。

（一）互联网金融发展给普惠金融带来的机遇与挑战

互联网金融具有规模经济和"正外部性效应"，降低了金融交易成本、扩展了金融交易的可能性边界、降低了金融市场门槛，大大增加了普通民众的金融市场参与率。具体体现在两个方面：第一，降低了金融市场参与的资金门槛，不同于传统银行理财产品或者证券市场的高额资金门槛，互联网金融市场上投资者最少可以用1元投资一个众筹项目，或者最低50元投资一个P2P网络借贷项目，较低的资金门槛吸引了大量无法参与传统金融市场的大众投资者。第二，移动互联网终端的便利性降低了投资的时间成本，投资者可以通过移动终端或者PC终端便利地参与互联网金融投资。互联网金融的发展大大推动了我国普惠金融的发展。

更高的金融市场参与率意味着更大的风险，一方面，互联网金融市场的资金需求方主体是受传统金融信贷配给的长尾人群，信用质量相对降低。另一方面，我国民众投资者金融知识和投资风险意识欠缺是普遍存在的现象。股指期货市场上，有经验的投资者也缺乏风险意识。360的后台大数据显示，在2015年6月15日到7月8日股市下跌期间，不少散户的思路是做空，而非传统思维上的及时止损或抄底。"有哪些做空工具？""如何做空期指？""我能参与做空吗？"这些主题的搜索量和相关新闻浏览量热度最高，投资人误以为做空就能把之前的损失给赚回来。在较高资金门槛的股票价格指数期货市场上有经验的投资人风险意识尚且严重缺乏。互联网金融市场上大众投资者缺乏金融知识和风险意识现象更严重。

（二）建议加快推进我国金融普及教育

我国加快开展金融教育普及工作具有紧迫性和必要性。互联网金融的发展提高了普通民众的金融市场参与率，而没有经历过金融教育的投资者缺乏金融知识和金融风险意识。现有研究表明，金融知识匮乏的民众面对复杂的金融产品，更容易出现羊群行为、过度自信、识别偏差等非理性投资行为，增加个人投资风险。有效的金融教育可以使投资行为理性，降低其系统性行为偏差，增强其对金融市场的信心。接受良好金融教育的投资者是维护金融市场稳定的基石，做好金融教育普及工作有利于扩大金融服务受众面，提高金融包容性，维护金融市场的稳定发展，使更多的投资者享受金融业改革发展的成果。

三、网络借贷记录纳入央行征信系统扩大信用的约束激励机制

2017 年 8 月，中国银行业监督管理委员会印发了《网络借贷信息中介机构业务活动信息披露指引》，使网络借贷行业信息披露有据可依。虽然在一定程度上缓解了互联网金融市场事前的信息不对称问题，但无法解决事后的道德风险问题。

目前，中国最大最全最权威的个人征信体系内，债务违约人并不能受到应有的监管和惩罚，大部分 P2P 网络借贷平台对债务违约人的惩罚措施是：如果长期逾期不还、赖账，将公布借款人信息。这是一个非常无力的

监管措施，债务违约人的违约行为如果不能纳入全国性的个人征信体系，那么对于债务人来说，违约成本极其低廉。对于债权人来说，也缺少一个长期追偿的依据，加大了互联网金融的投资风险。

当前我国互联网金融业务模式的规范度和发达国家还有一定差距，互联网金融平台业务模式的不规范一方面带来了监管上的困难，另一方面也带来冲击金融体系的风险。简单地管制或者约束互联网金融平台并不一定能达到规范的目的，相反，还有可能扼杀金融创新，影响金融体系的健康发展。

把个人互联网金融违约记录和个人央行征信挂钩，以市场化的手段约束借款人的违约行为，进而逐步规范平台的运作模式，才是摆脱我国当前互联网金融平台非规范经营模式的核心路径。这一制度将放大互联网金融市场信用的约束激励机制，防止网络借贷市场出现"劣币驱逐良币"现象，有助于解决事后的道德风险问题。

附录一

北京大学数字金融研究中心发布的数字普惠金融指数的测度方法：

（一）权重确定

整个指标体系分为四级，在编制指数之前，首先要确定各级指标的权重。本项目采用主观定性法和客观定量法相结合的方式来确定权重。

（1）四级指标（广度指标和深度指标）权重设定：交易渗透率50%，人均交易金额25%，人均交易笔数25%。

（2）三级（蚂蚁金服和其他机构）权重设定：采用定量法确定，同时为减少每个月权重变动对指数波动的影响，我们按照蚂蚁金服和其他机构业务实际获取的交易金额的3个月移动平均值占两者之和的比重来计算各自权重。

（3）二级权重设定：各大业务之间的权重主要依据各业务发展成熟度进行主观定权。成熟度的标准是综合考虑业务的发展时长和发展的稳定程度。因此，六大板块业务权重设置为：互联网支付30%，互联网货币基金25%，互联网信贷15%，互联网保险15%，互联网投资理财10%，互联网征信5%。

为保证指数的拓展性和代表性，未来在指数运行过程中，如果有新业务板块产生，则在新业务产生的第2个月开始将其纳入指数中（第2个月可计算环比数据），由于此时业务板块由N变为N+1，各业务之间的权重在新业务纳入后需根据专家法进行重新评审。

鉴于新业务刚产生，处于波动较大阶段，为避免新业务波动和各业务权重更新对总指数造成较大影响，我们规定新业务权重应不超过 10%，（设为 W_{N+1}），原有业务之间的相对权重保持不变，即原有第 i 个业务权重更新为 $W_i \times （1-W_{N+1}）$。

（二）总指数及业务指数计算

确定了各级权重之后，指数计算过程为自下而上逐级加权平均汇总，先计算各级环比指数，再基于该级环比指数通过链式相乘得到该级定基指数，具体计算过程如下：

（1）各级环比指数计算。

一级环比指数为各级环比指数自下而上逐级加权平均获得。具体公式如下：

$$i_t = \frac{I_t}{I_{t-1}} = \sum_{i=1}^{6} W_i \frac{L_{i,t}}{L_{i,t-1}} = \sum_{i=1}^{6} W_i \left(\sum_{j=1}^{2} P_{i,j,t} \frac{K_{i,j,t}}{K_{i,j,t-1}} \right) = \sum_{i=1}^{6} W_i \sum_{j=1}^{2} P_{i,j,t}$$

$$\sum_{k=1}^{3} m_k \frac{X_{i,j,k,t}}{X_{i,j,k,t-1}}$$

其中，$\frac{I_t}{I_{t-1}}$ 表示互联网金融发展环比指数（一级环比指数），$\frac{L_{i,t}}{L_{i,t-1}}$ 表示第 i 个业务 t 期环比指数（二级环比指数），$\frac{K_{i,j,t}}{K_{i,j,t-1}}$ 表示第 i 个业务 j 部分（蚂蚁金服及其他机构）t 期环比指数（三级环比指数），$\frac{X_{i,j,k,t}}{X_{i,j,k,t-1}}$ 表示第 i 个业务 j 部分（蚂蚁金服及其他机构）的第 k 个四级指标 t 期环比相对数（四级环比指数）。W_i（i=1，2，3，4，5，6）为第 i 个业务的权重，$P_{i,j,t}$ 表示第 i 个业务 j 部分 t 期权重，m_k（k=1，2，3）表示第 k 个四级指标的权重。

（2）各级定基指数计算。

各级 t 期定基指数为各级 t 期环比指数与对应级的 t-1 期定基指数的

乘积。

$$I_t = (\sum_{i=1}^{6} W_i \frac{L_{i,t}}{L_{i,t-1}}) I_{t-1} = \left[\sum_{i=1}^{6} W_i \sum_{j=1}^{2} P_{i,j,t} \sum_{k=1}^{3} m_k \frac{X_{i,j,k,t}}{X_{i,j,k,t-1}}\right] I_{t-1}$$

其中，t-1 期的定基指数由各期环比指数连乘获得。我们将各业务和综合指数基期（2014 年 1 月）基准值设定为 100。计算公式如下：

$$I_{t-1} = 100 \times i_1 \times i_2 \times \cdots \times i_{t-1} = 100 \times \frac{I_1}{I_0} \times \frac{I_2}{I_1} \times \frac{I_3}{I_2} \times \cdots \times \frac{I_{t-2}}{I_{t-3}} \times \frac{I_{t-1}}{I_{t-2}}$$

其中，i_1，i_2，$\cdots$，i_t 分别表示各期的月环比指数。

（三）分地区指数计算

地区作为全国的子集，为保证地区属性下各地区间指数点位具有横向可比性，我们按照以下步骤进行计算：

第一步：先计算分地区投资业务下的四级指标（交易渗透率、人均交易金额、人均交易笔数）与全国同业务同指标同期的相对值，依次得到相对全国的相对交易渗透率，相对人均交易金额和相对人均交易笔数。

$$A_{h,i,j,t} = \frac{X_{h,i,j,t}}{X_{i,j,t}}$$

其中，$X_{h,i,j,t}$ 表示地区 h 第 i 个业务的第 j 个指标在 t 期的值，$X_{i,j,t}$ 表示全国总指数中第 i 个业务第 j 个指标在 t 期的值，$A_{h,i,j,t}$ 表示地区 h 第 i 个业务第 j 个指标 t 期相对全国同业务同指标同期的相对值。

第二步：计算地区 h 第 i 个业务在 t 期相对全国的系数。

$$B_{h,i,t} = \sum_{j-1}^{3} m_j A_{h,i,j,t}$$

其中，$B_{h,i,t}$ 表示地区 h 第 i 个业务 t 期相对全国的系数，$m_1 = 50\%$，$m_2 = 25\%$，$m_3 = 25\%$。

第三步：计算地区 h 在 t 期的总指数。

$$I_{h,t} = \left(\sum_{i=1}^{6} W_i B_{h,i,t} \right) I_t$$

其中，$I_{h,t}$ 表示地区 h 在 t 期的定基指数，W_i 表示第 i 个业务的权重，I_t 表示全国定基指数。其他基于渗透率指标计算的人口属性分组指数计算方法依此类推。

附录二

本书第二章使用的是世界银行提供的全球金融普惠数据（Global Findex Database），现将其中与互联网金融相关的数据进行整理，结果如附表所示。全球金融普惠数据提供 2011 年、2014 年和 2017 年三年世界各国家和地区的问卷调查数据，由于 2011 年相关的数据缺失较为严重，主要整理后面两年的数据。

附表　2014 年、2017 年世界各国和地区互联网金融相关 Findex 指数①

单位：%

年份	国家	拥有金融机构账户人数占比	使用互联网支付账单或在线购买商品人数占比	通过手机方式发出或收到国内汇款转账人数占比	收到或进行数字支付的人数占比	收到或进行数字支付的男性占男性人数之比	收到或进行数字支付的女性占女性人数之比	移动货币账户人数占比
2014	阿尔巴尼亚	37.99	3.29	4.89	20.01	20.79	19.26	
2017	阿尔巴尼亚	39.32	7.34	2.56	28.82	29.96	27.75	2.38
2014	阿尔及利亚	50.48	5.65	0.89	25.39	33.57	17.23	
2017	阿尔及利亚	42.78	4.65	0.06	25.98	32.32	19.62	
2014	阿富汗	9.96	0.56	2.47	5.57	9.79	1.12	0.30

---

① Findex 数据参考引文如下：Demirgüç-Kunt, Asli, Leora Klapper, Dorothe Singer, Saniya Ansar, and Jake Hess. 2018. The Global Findex Database 2017：Measuring Financial Inclusion and the Fintech Revolution. World Bank：Washington, DC.

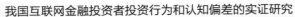

续表

年份	国家	拥有金融机构账户人数占比	使用互联网支付账单或在线购买商品人数占比	通过手机方式发出或收到国内汇款转账人数占比	收到或进行数字支付的人数占比	收到或进行数字支付的男性占男性人数之比	收到或进行数字支付的女性占女性人数之比	移动货币账户人数占比
2017	阿富汗	14.55	0.51	1.83	10.83	17.49	4.08	0.91
2014	阿根廷	50.20	8.44	1.31	33.91	37.67	30.57	0.43
2017	阿根廷	47.92	18.62	1.49	40.18	37.69	42.46	2.42
2014	阿联酋	83.20	33.63		76.11	82.40	59.91	11.49
2017	阿联酋	87.39	59.75		84.04	90.21	67.73	21.33
2014	阿拉伯国家	29.05	5.74		19.97	26.87	12.45	
2017	阿拉伯国家	36.71	9.00		26.10	35.59	16.30	
2014	阿塞拜疆	29.15	4.22	4.06	17.68	21.12	14.45	
2017	阿塞拜疆	28.57	9.36	0.30	24.58	26.29	22.89	
2014	埃及	13.65	1.38	0.60	7.88	11.87	3.72	1.14
2017	埃及	32.07	3.49	0.21	22.83	28.97	16.78	1.79
2014	埃塞俄比亚	21.79	0.43	2.25	5.39	4.43	6.30	0.03
2017	埃塞俄比亚	34.83	0.58	0.09	11.89	15.86	8.16	0.32
2014	爱尔兰	94.71	54.08		87.36	89.61	85.14	
2017	爱尔兰	95.34	69.09		93.53	93.66	93.42	
2014	爱沙尼亚	97.67	63.55	1.31	95.42	95.05	95.73	
2017	爱沙尼亚	97.99	74.82	0.37	96.76	95.88	97.52	
2014	安哥拉	29.32	0.97	3.32	24.74	31.18	18.14	
2014	奥地利	96.73	51.04		92.34	90.82	93.77	
2017	奥地利	98.16	63.50		96.12	97.07	95.24	
2014	澳大利亚	98.86	68.23		94.91	94.34	95.44	
2017	澳大利亚	99.52	75.61		95.86	95.57	96.15	
2014	巴基斯坦	8.71	1.75	3.35	7.76	12.85	2.49	5.80
2017	巴基斯坦	18.05	7.95	1.06	17.69	29.22	5.34	6.89
2017	巴拉圭	31.07	5.66	0.59	44.59	46.66	42.51	28.88
2014	巴林	81.94	28.78		69.22	78.50	52.25	

年份	国家	拥有金融机构账户人数占比	使用互联网支付账单或在线购买商品人数占比	通过手机方式发出或收到国内汇款转账人数占比	收到或进行数字支付的人数占比	收到或进行数字支付的男性人数之比	收到或进行数字支付的女性人数之比	移动货币账户人数占比
2017	巴林	82.61	43.75		77.26	83.20	65.71	
2014	巴拿马	43.40	6.23	14.68	30.98	34.70	27.28	1.56
2017	巴拿马	45.82	9.29	6.18	35.03	40.28	30.03	3.50
2014	巴西	68.12	8.78	0.91	50.39	58.92	42.39	0.86
2017	巴西	70.04	17.60	0.57	57.86	58.51	57.27	4.84
2014	白俄罗斯	71.98	21.74	5.90	61.14	63.14	59.49	
2017	白俄罗斯	81.16	45.72	4.26	78.65	79.28	78.14	
2014	保加利亚	62.99	16.05	2.93	47.84	49.22	46.59	
2017	保加利亚	72.20	26.03	1.98	64.92	62.29	67.29	
2014	北美	94.16	64.77		91.72	90.17	93.25	
2017	北美	93.81	77.50		91.81	92.11	91.52	
2014	贝宁	15.98	2.50	4.61	8.16	10.87	5.55	2.02
2017	贝宁	31.88	4.54	1.78	28.48	38.29	18.89	18.09
2014	比利时	98.13	52.40		95.56	95.14	95.97	
2017	比利时	98.64	71.06		97.06	97.23	96.90	
2014	波多黎各	69.74	20.06	6.21	58.16	63.81	52.98	
2014	波兰	77.86	42.74	2.98	62.50	67.57	57.90	
2017	波兰	86.73	64.60	1.77	81.88	81.47	82.25	
2014	波斯尼亚和黑塞哥维那	52.69	3.27	0.47	32.04	39.45	25.23	
2017	波斯尼亚和黑塞哥维那	58.84	15.46	0.59	50.27	55.64	45.17	
2014	玻利维亚	40.71	0.93	7.18	27.02	31.93	22.35	2.78
2017	玻利维亚	51.21	8.95	1.86	40.02	43.94	36.29	7.12

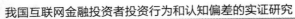

年份	国家	拥有金融机构账户人数占比	使用互联网支付账单或在线购买商品人数占比	通过手机方式发出或收到国内汇款转账人数占比	收到或进行数字支付的人数占比	收到或进行数字支付的男性占男性人数之比	收到或进行数字支付的女性占女性人数之比	移动货币账户人数占比
2014	伯利兹	48.21	4.80	4.52	24.02	20.55	27.45	
2014	博茨瓦纳	49.24	6.29	15.30	42.19	44.99	39.43	20.75
2017	博茨瓦纳	44.83	10.48	1.83	41.81	45.58	38.72	24.38
2014	不丹	33.67	0.79	2.52	17.20	21.16	12.76	
2014	布基纳法索	13.42	1.66	10.87	8.29	9.28	7.31	3.08
2017	布基纳法索	23.34	5.36	2.92	38.92	47.22	30.06	33.02
2014	布隆迪	6.94	0.22	1.29	4.09	4.41	3.78	0.75
2014	大不列颠王国	98.93	72.77		97.03	97.77	96.32	
2017	大不列颠王国	96.37	80.70		95.61	96.16	95.07	
2014	丹麦	100.00	73.82		99.06	99.17	98.95	
2017	丹麦	99.92	88.13		99.39	99.57	99.22	
2014	德国	98.76	56.36		95.70	95.12	96.26	
2017	德国	99.14	81.17		97.76	97.68	97.83	
2014	低收入经济体	16.89	1.29	7.60	15.08	17.94	12.32	9.95
2017	低收入经济体	24.50	4.82	2.15	25.56	30.37	20.96	17.55
2014	东亚及太平洋地区	71.82	18.87		44.16	45.16	43.15	
2017	东亚及太平洋地区	73.46	40.78		62.02	64.36	59.70	
2014	东亚及太平洋地区（不包括高收入经济体）	68.94	16.00	4.93	38.96	40.46	37.44	0.39
2017	东亚及太平洋地区（不包括高收入经济体）	70.35	38.62	2.48	58.02	60.97	55.05	1.26
2014	多哥	17.61	0.92	4.87	6.90	10.41	3.50	1.41

年份	国家	拥有金融机构账户人数占比	使用互联网支付账单或在线购买商品人数占比	通过手机方式发出或收到国内汇款转账人数占比	收到或进行数字支付的人数占比	收到或进行数字支付的男性占男性人数之比	收到或进行数字支付的女性占女性人数之比	移动货币账户人数占比
2017	多哥	34.07	6.58	2.55	31.33	39.56	23.16	21.46
2014	多米尼加共和国	53.99	4.19	12.55	32.33	34.72	29.99	2.32
2017	多米尼加共和国	54.78	12.77	5.58	44.39	47.55	41.26	3.89
2014	俄罗斯	67.38	17.52	4.98	53.43	52.81	53.91	
2017	俄罗斯	75.76	39.57	2.33	70.52	70.74	70.34	
2014	厄瓜多尔	46.21	1.95	1.44	24.17	32.91	15.84	
2017	厄瓜多尔	50.87	9.69	4.46	31.56	39.56	23.86	2.94
2014	发展中经济体	54.21	8.99	4.79	31.55	35.39	27.73	2.47
2017	发展中经济体	61.27	20.57	1.93	43.90	48.48	39.39	5.28
2014	法国	96.58	44.48		91.98	93.06	90.99	
2017	法国	94.00	67.42		92.19	94.51	90.07	
2014	菲律宾	28.07	3.51	26.93	19.51	16.20	22.66	4.23
2017	菲律宾	31.80	9.86	19.90	25.09	23.44	26.70	4.52
2014	芬兰	100.00	74.98		98.38	98.63	98.16	
2017	芬兰	99.79	87.57		98.30	99.12	97.55	
2014	刚果（布）	16.68	0.76	26.60	9.18	9.89	8.46	1.99
2017	刚果（布）	23.26	4.40	14.89	17.81	22.13	13.52	6.24
2014	刚果（金）	10.91	2.69	21.94	14.69	17.09	12.32	9.21
2017	刚果（金）	15.00	3.15	2.63	21.72	24.37	18.99	16.10
2014	高收入国家	92.82	51.76		86.42	87.02	85.85	
2014	高收入国家：经济合作与发展组织	94.02	54.10		88.31	88.62	88.01	
2017	高收入经济体	93.69	67.65		90.52	91.35	89.73	

续表

年份	国家	拥有金融机构账户人数占比	使用互联网支付账单或在线购买商品人数占比	通过手机方式发出或收到国内汇款转账人数占比	收到或进行数字支付的人数占比	收到或进行数字支付的男性占男性人数之比	收到或进行数字支付的女性占女性人数之比	移动货币账户人数占比
2017	高收入经济体：经济合作与发展组织	94.67	69.81		92.14	92.78	91.55	
2014	哥伦比亚	38.35	6.43	19.32	29.57	35.40	24.14	2.21
2017	哥伦比亚	44.89	11.66	11.14	37.33	41.93	33.23	4.74
2014	哥斯达黎加	64.55	10.42	7.77	49.21	54.35	44.47	
2017	哥斯达黎加	67.84	27.46	1.55	59.18	68.20	50.94	
2014	哈萨克斯坦	53.91	6.93	4.31	40.17	41.80	38.72	
2017	哈萨克斯坦	58.70	24.29	0.56	53.87	51.88	55.63	
2014	海地	17.50	2.73	11.32	10.43	13.09	7.85	3.78
2017	海地	28.19	8.51	3.57	27.52	29.81	25.37	13.52
2014	韩国	94.36	52.49		86.11	85.06	87.10	
2017	韩国	94.85	76.03		92.36	92.47	92.25	
2014	荷兰	99.30	68.05		97.85	98.21	97.50	
2017	荷兰	99.64	84.85		97.66	97.94	97.38	
2014	黑山	59.83	7.35	1.92	39.95	43.08	37.06	
2017	黑山	68.36	15.43	1.06	59.79	61.20	58.45	
2014	洪都拉斯	30.04	2.98	6.25	21.86	25.51	18.32	3.41
2017	洪都拉斯	42.94	5.96	1.11	37.20	43.19	31.83	6.20
2014	吉尔吉斯共和国	18.47	3.64	13.51	14.47	13.74	15.10	
2017	吉尔吉斯共和国	38.28	5.01	1.08	36.06	37.22	35.04	3.11
2014	几内亚	6.17	1.79	9.30	5.84	8.47	3.21	1.47
2017	几内亚	14.63	4.46	5.59	20.25	23.91	16.55	13.78
2014	加拿大	99.10	65.66		96.29	94.45	98.00	

年份	国家	拥有金融机构账户人数占比	使用互联网支付账单或在线购买商品人数占比	通过手机方式发出或收到国内汇款转账人数占比	收到或进行数字支付的人数占比	收到或进行数字支付的男性占男性人数之比	收到或进行数字支付的女性占女性人数之比	移动货币账户人数占比
2017	加拿大	99.73	79.68		97.85	98.52	97.23	
2014	加纳	34.62	2.74	7.76	25.12	27.99	22.35	13.01
2017	加纳	42.28	7.76	4.36	49.47	55.06	43.98	38.95
2014	加蓬	30.15	3.75	27.61	22.99	23.92	22.12	6.65
2017	加蓬	33.98	17.17	2.05	54.00	59.21	49.09	43.58
2014	柬埔寨	12.56	0.58	16.24	17.65	19.25	16.39	13.29
2017	柬埔寨	17.80	3.77	17.73	15.57	16.08	15.14	5.66
2014	捷克	82.18	45.70	0.61	78.16	81.78	74.77	
2017	捷克	80.99	66.08	0.00	79.56	82.30	77.00	
2014	津巴布韦	17.19	1.50	5.07	29.96	33.74	26.35	21.60
2017	津巴布韦	28.18	9.54	2.03	52.50	56.72	48.64	48.58
2014	喀麦隆	11.35	0.73	31.23	7.74	8.93	6.55	1.80
2017	喀麦隆	26.87	5.59	7.35	28.58	34.51	22.77	15.14
2014	科索沃	47.80	5.17	2.03	28.39	37.43	19.46	
2017	科索沃	52.27	15.10	1.75	38.65	48.29	29.35	
2014	科特迪瓦	15.14	1.65	17.45	29.57	32.75	26.20	24.26
2017	科特迪瓦	14.77	7.12	5.55	38.32	43.01	33.18	34.05
2014	科威特	72.91	25.95		63.76	69.34	55.98	
2017	科威特	79.84	35.94		74.83	78.85	67.44	
2014	克罗地亚	86.03	19.92	1.05	71.98	74.77	69.36	
2017	克罗地亚	86.14	54.28	0.71	83.13	87.44	79.11	
2014	肯尼亚	55.21	4.66	8.49	69.12	72.23	66.39	58.39
2017	肯尼亚	55.72	26.15	1.20	78.96	83.74	74.68	72.93
2014	拉丁美洲和加勒比地区	51.65	7.29		38.26	43.94	32.95	

续表

年份	国家	拥有金融机构账户人数占比	使用互联网支付账单或购买商品人数占比	通过手机方式发出或收到国内汇款转账人数占比	收到或进行数字支付的人数占比	收到或进行数字支付的男性占男性人数之比	收到或进行数字支付的女性占女性人数之比	移动货币账户人数占比
2017	拉丁美洲和加勒比地区	54.25	15.50		45.82	48.57	43.33	
2014	拉丁美洲和加勒比地区（不包括高收入经济体）	51.18	6.93	4.74	37.66	43.34	32.34	1.72
2017	拉丁美洲和加勒比地区（不包括高收入经济体）	53.49	14.95	2.23	45.06	47.74	42.64	5.25
2014	拉脱维亚	90.22	48.16	3.22	83.93	85.17	82.92	
2017	拉脱维亚	93.22	60.75	0.85	90.92	89.37	92.15	
2017	莱索托	33.32	9.64	3.34	37.81	35.10	40.35	27.64
2017	老挝人民民主共和国	29.06	7.05	2.15	13.35	11.91	14.72	
2014	黎巴嫩	46.93	4.45	3.89	31.90	45.22	19.85	0.67
2017	黎巴嫩	44.75	16.44	2.80	33.09	42.29	23.95	
2014	立陶宛	77.91	31.17	3.35	65.60	66.73	64.67	
2017	立陶宛	82.88	55.89	0.81	77.60	79.42	76.08	
2017	利比里亚	21.58	2.37	1.35	27.63	33.76	21.80	20.84
2017	利比亚	65.67	21.01		31.85	36.58	26.15	
2014	卢森堡	96.17	56.30		92.57	91.79	93.33	
2017	卢森堡	98.77	75.97		98.31	98.44	98.18	
2014	卢旺达	38.14	1.72	3.78	27.35	33.22	21.60	18.10

年份	国家	拥有金融机构账户人数占比	使用互联网支付账单或在线购买商品人数占比	通过手机方式发出或收到国内汇款人数占比	收到或进行数字支付的人数占比	收到或进行数字支付的男性占比男性人数之比	收到或进行数字支付的女性占比女性人数之比	移动货币账户人数占比
2017	卢旺达	36.66	4.57	1.05	38.92	45.08	33.49	31.11
2014	罗马尼亚	60.79	11.51	7.78	40.74	45.63	36.25	0.46
2017	罗马尼亚	57.64	19.23	1.95	47.23	49.51	45.18	2.99
2014	马达加斯加	5.73	0.00	0.46	5.40	5.93	4.91	4.36
2017	马达加斯加	9.57	1.71	1.70	15.04	16.39	13.85	12.06
2014	马耳他	96.33	38.15		74.46	79.60	69.67	
2017	马耳他	97.36	53.05		88.83	92.00	85.77	
2014	马拉维	16.14	1.07	3.34	11.44	15.53	7.58	3.84
2017	马拉维	22.99	8.31	1.77	27.61	30.82	24.68	20.30
2014	马来西亚	80.67	18.82	14.88	57.83	62.48	52.69	2.83
2017	马来西亚	85.13	38.82	2.48	70.42	75.99	64.22	10.88
2014	马里	13.25	0.48	5.79	15.20	18.41	12.08	11.64
2017	马里	18.15	5.74	2.67	30.97	38.54	23.65	24.40
2014	马其顿	71.80	11.08	1.13	51.93	59.79	44.23	
2017	马其顿	76.57	20.03	0.10	65.80	70.44	61.29	
2014	毛里求斯	82.21	4.32		47.54	59.05	36.83	0.86
2017	毛里求斯	89.49	16.39		68.51	77.12	60.31	5.63
2014	毛里塔尼亚	20.45	3.98	22.09	17.28	18.90	15.74	6.48
2017	毛里塔尼亚	19.03	3.77	19.98	15.69	20.52	10.89	4.01
2014	美国	93.58	64.67		91.19	89.69	92.68	
2017	美国	93.12	77.25		91.11	91.37	90.85	
2014	蒙古	91.82	6.76	11.09	62.79	60.97	64.45	5.00
2017	蒙古	92.97	17.10	1.59	85.27	82.86	87.48	21.90
2014	孟加拉国	29.14	0.42	0.88	7.41	10.43	4.28	2.69
2017	孟加拉国	40.97	3.53	0.09	34.11	47.31	21.21	21.25
2014	秘鲁	28.98	2.83	3.62	22.04	27.21	17.02	0.00

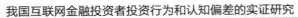

年份	国家	拥有金融机构账户人数占比	使用互联网支付账单在线买或购商品人数占比	通过手机方式发出或收到国内汇款转账人数占比	收到或进行数字支付的人数占比	收到或进行数字支付的男性人数之比	收到或进行数字支付的女性人数之比	移动货币账户人数占比
2017	秘鲁	42.19	7.02	1.04	33.90	41.70	26.29	2.63
2014	缅甸	22.62	0.17	1.75	3.91	4.06	3.78	0.16
2017	缅甸	25.61	3.62	1.18	7.71	8.02	7.44	0.69
2014	摩尔多瓦	17.76	10.00	5.58	14.85	14.07	15.55	
2017	摩尔多瓦	43.79	37.14	2.11	40.38	40.43	40.33	
2017	摩洛哥	28.41	2.03	3.48	16.71	25.81	8.32	0.64
2017	莫桑比克	33.00	9.48	1.75	34.11	41.86	26.85	21.87
2014	墨西哥	38.70	5.97	5.72	29.42	31.73	27.26	3.42
2017	墨西哥	35.44	13.18	1.96	31.74	35.84	28.15	5.55
2014	纳米比亚	58.06	3.35	9.44	43.92	49.27	39.10	10.36
2017	纳米比亚	77.34	18.35	1.78	71.42	72.31	70.64	43.43
2014	南非	68.77	7.62	40.39	58.78	56.31	61.00	14.43
2017	南非	67.44	14.13	9.18	60.11	59.01	61.14	19.02
2017	南苏丹	8.57	3.58	6.21	7.35	10.72	4.04	
2014	南亚	45.64	1.19	2.35	16.72	23.79	9.40	2.63
2017	南亚	68.36	4.50	0.65	27.85	35.03	20.50	4.23
2014	尼泊尔	33.80	0.44	5.65	9.42	12.15	7.06	0.34
2017	尼泊尔	45.39	2.22	5.07	16.31	20.15	13.14	
2014	尼加拉瓜	18.85	2.31	6.44	13.39	17.07	9.90	1.05
2017	尼加拉瓜	28.43	6.74	3.03	24.57	31.38	18.28	3.93
2014	尼日尔	3.49	1.00	8.60	5.40	7.66	3.10	3.85
2017	尼日尔	9.52	3.96	5.80	13.03	17.69	8.16	8.72
2014	尼日利亚	44.17	3.29	6.23	36.94	46.94	26.43	2.29
2017	尼日利亚	39.41	6.27	1.18	29.66	38.03	20.82	5.61
2014	挪威	100.00	78.98		98.37	99.36	97.38	
2017	挪威	99.75	89.48		99.09	98.19	100.00	

年份	国家	拥有金融机构账户人数占比	使用互联网支付账单或在线购买商品人数占比	通过手机方式发出或收到国内汇款转账人数占比	收到或进行数字支付的人数占比	收到或进行数字支付的男性占男性人数之比	收到或进行数字支付的女性占女性人数之比	移动货币账户人数占比
2014	欧元区	94.68	48.42		87.00	89.23	84.91	
2017	欧元区	95.30	68.61		92.46	94.05	90.98	
2014	欧洲和中亚	77.71	35.08		68.54	71.51	65.86	
2017	欧洲和中亚	81.36	52.56		77.81	80.24	75.62	
2014	欧洲和中亚（不包括高收入经济体）	57.75	13.98	4.02	46.06	48.79	43.73	0.17
2017	欧洲和中亚（不包括高收入经济体）	65.08	30.58	2.15	60.36	63.57	57.56	3.24
2014	葡萄牙	87.39	24.83		72.89	76.74	69.50	
2017	葡萄牙	92.34	35.22		86.31	88.55	84.27	
2014	乔丹	24.62	2.54	1.31	13.03	18.32	7.51	0.47
2017	乔丹	42.08	8.04	2.47	32.53	43.20	20.24	1.06
2014	日本	96.65	36.06		88.71	86.55	90.66	
2017	日本	98.24	48.12		95.34	94.82	95.78	
2014	瑞典	99.72	74.62		99.21	98.90	99.52	
2017	瑞典	99.74	84.41		98.34	98.01	98.67	
2014	瑞士	97.99	53.48		90.76	93.63	88.07	
2017	瑞士	98.43	72.47		96.45	96.43	96.47	
2014	撒哈拉以南非洲	28.78	2.43		26.91	30.71	23.18	
2017	撒哈拉以南非洲	32.78	7.55		34.37	39.32	29.54	
2014	撒哈拉以南非洲（不包括高收入经济体）	28.78	2.43	11.14	26.91	30.71	23.18	11.62

年份	国家	拥有金融机构账户人数占比	使用互联网支付账单或在线购买商品人数占比	通过手机方式发出或收到国内汇款转账人数占比	收到或进行数字支付的人数占比	收到或进行数字支付的男性占男性人数之比	收到或进行数字支付的女性占女性人数之比	移动货币账户人数占比
2017	撒哈拉以南非洲（不包括高收入经济体）	32.78	7.55	2.79	34.37	39.32	29.54	20.90
2014	萨尔瓦多	34.63	3.98	5.03	28.33	33.59	23.41	4.56
2017	萨尔瓦多	29.34	5.61	0.88	23.60	30.04	18.28	3.55
2014	塞尔维亚	83.09	9.72	4.22	60.45	61.75	59.26	
2017	塞尔维亚	71.44	23.25	1.10	66.11	67.97	64.40	
2014	塞拉利昂	14.15	1.77	4.00	12.73	17.59	8.27	4.45
2017	塞拉利昂	12.39	4.12	1.47	15.61	19.27	12.34	11.02
2014	塞内加尔	11.92	1.04	28.93	11.69	15.18	8.58	6.19
2017	塞内加尔	20.36	10.40	5.19	39.52	43.88	35.65	31.80
2014	塞浦路斯	90.15	31.06		66.57	68.37	64.88	
2017	塞浦路斯	88.72	39.05		80.14	77.94	82.17	
2014	沙特阿拉伯	69.41	16.17		49.13	59.94	34.05	
2017	沙特阿拉伯	71.70	38.53		61.17	73.72	41.96	
2014	世界	61.19	16.73		41.47	44.62	38.36	2.06
2017	世界	67.09	29.02		52.26	56.09	48.51	4.43
2014	斯里兰卡	82.69	1.56	0.45	20.83	23.44	18.49	0.08
2017	斯里兰卡	73.59	6.18	1.69	47.16	50.66	44.20	2.42
2014	斯洛伐克	77.24	36.68	1.75	72.28	69.34	74.99	
2017	斯洛伐克	84.18	56.83	0.47	81.50	82.42	80.66	
2014	斯洛文尼亚	97.24	35.86		86.02	89.93	82.33	
2017	斯洛文尼亚	97.53	54.54		95.73	97.59	93.95	
2014	苏丹	15.27	1.01	4.84	11.92	15.46	8.13	
2014	索马里	7.86	2.94	16.83	38.32	43.47	33.09	37.07
2014	塔吉克斯坦	11.46	0.92	6.11	8.29	9.97	6.66	0.00

年份	国家	拥有金融机构账户人数占比	使用互联网支付账单或在线购买商品人数占比	通过手机方式发出或收到国内汇款转账人数占比	收到或进行数字支付的人数占比	收到或进行数字支付的男性占男性人数之比	收到或进行数字支付的女性占女性人数之比	移动货币账户人数占比
2017	塔吉克斯坦	47.02	12.76	3.95	43.93	48.49	39.54	
2014	泰国	78.14	4.39	12.39	33.17	40.21	27.06	1.30
2017	泰国	80.96	18.67	4.10	62.27	62.41	62.16	8.26
2014	坦桑尼亚	19.04	1.42	5.25	35.21	41.41	29.25	32.36
2017	坦桑尼亚	20.97	11.58	0.67	42.99	48.43	37.78	38.54
2017	特立尼达和多巴哥	80.78	20.07	1.86	64.11	73.15	55.40	
2014	突尼斯	27.26	4.41	3.08	17.00	21.10	12.95	0.62
2017	突尼斯	36.82	6.59	1.20	29.41	37.78	21.31	2.04
2014	土耳其	56.51	18.74	1.16	48.25	59.46	37.27	0.81
2017	土耳其	67.66	36.24	3.45	63.76	77.30	50.31	16.41
2017	土库曼斯坦	40.58	2.01	2.28	34.30	39.63	29.04	
2014	危地马拉	40.79	4.30	3.49	26.28	32.60	20.60	1.77
2017	危地马拉	43.54	7.62	1.19	33.27	35.05	31.68	2.13
2014	委内瑞拉	56.86	9.86	2.87	49.07	53.52	44.96	2.98
2017	委内瑞拉	73.22	28.77	1.08	68.77	72.37	65.50	10.97
2014	乌干达	27.78	1.69	2.21	40.47	48.08	32.95	35.10
2017	乌干达	32.84	9.47	1.53	54.69	62.19	47.61	50.58
2014	乌克兰	52.71	13.34	3.07	44.13	46.15	42.53	
2017	乌克兰	62.90	29.50	1.47	60.72	62.61	59.32	
2014	乌拉圭	45.36	13.42	11.97	37.51	44.09	31.80	1.23
2017	乌拉圭	63.87	30.85	4.59	59.34	62.69	56.43	
2014	乌兹别克斯坦	40.71	0.64	2.39	37.79	38.91	36.75	
2017	乌兹别克斯坦	37.09	7.07	0.47	34.22	35.90	32.71	
2014	西岸和加沙	24.24	1.59	0.46	12.08	16.36	7.88	
2017	西岸和加沙	25.02	7.08	0.19	14.20	20.76	7.85	

年份	国家	拥有金融机构账户人数占比	使用互联网支付账单或在线购买商品人数占比	通过手机方式发出或收到国内汇款转账人数占比	收到或进行数字支付的人数占比	收到或进行数字支付的男性占男性人数之比	收到或进行数字支付的女性占女性人数之比	移动货币账户人数占比
2014	西班牙	97.58	57.36		93.30	94.04	92.56	
2017	西班牙	93.76	65.43		90.49	93.81	87.19	
2014	希腊	87.52	11.13	0.77	38.96	43.72	34.47	
2017	希腊	85.47	25.75	0.53	73.74	76.53	71.11	
2014	新加坡	96.35	27.63	3.59	87.02	88.78	85.33	6.15
2017	新加坡	97.81	56.65	1.15	90.10	91.52	88.79	9.55
2014	新西兰	99.53	71.66		97.61	96.66	98.47	
2017	新西兰	99.18	80.16		97.32	95.96	98.52	
2014	匈牙利	72.26	22.21	2.42	63.68	66.84	60.92	
2017	匈牙利	74.94	38.30	0.81	71.46	74.35	68.96	
2014	牙买加	78.35	10.45	23.17	45.55	48.70	42.59	0.92
2014	亚美尼亚	17.24	4.98	3.64	12.17	14.72	10.02	0.66
2017	亚美尼亚	45.33	15.43	3.58	41.52	50.40	33.90	9.76
2014	也门	6.45	0.67	8.07	2.76	4.93	0.67	
2014	伊拉克	10.97	4.97	5.01	3.83	6.39	1.31	
2017	伊拉克	20.33	13.51		19.06	22.66	15.45	4.21
2014	伊朗	92.18	17.83	5.30	75.78	84.78	66.60	4.50
2017	伊朗	93.36	46.49		89.77	95.23	84.52	26.30
2014	以色列	89.95	35.70	4.34	83.63	84.27	83.02	
2017	以色列	92.81	50.38	1.22	90.85	89.83	91.83	
2014	意大利	87.33	39.00		72.86	82.27	64.20	
2017	意大利	93.79	65.22		89.66	92.17	87.36	
2014	印度	52.75	1.23	2.36	19.31	27.33	10.97	2.35
2017	印度	79.84	4.27	0.54	28.69	34.75	22.44	1.99
2014	印度尼西亚	35.95	5.09	3.79	22.36	21.58	23.13	0.45
2017	印度尼西亚	48.39	11.17	3.09	34.61	33.69	35.49	3.12

续表

年份	国家	拥有金融机构账户人数占比	使用互联网支付账单或在线购买商品人数占比	通过手机方式发出或收到国内汇款转账人数占比	收到或进行数字支付的人数占比	收到或进行数字支付的男性人数之比	收到或进行数字支付的女性人数之比	移动货币账户人数占比
2014	越南	30.86	9.10	4.21	18.07	19.75	16.47	0.50
2017	越南	30.02	20.54	3.97	22.74	22.46	22.99	3.50
2014	赞比亚	31.29	2.48	26.32	28.63	30.79	26.54	12.11
2017	赞比亚	35.83	11.29	3.59	38.74	42.80	34.84	27.84
2014	乍得	7.70	2.33	7.05	9.20	12.34	6.33	5.75
2017	乍得	8.75	2.50	2.41	19.04	24.77	13.60	15.23
2014	智利	63.21	14.55	5.47	52.61	58.53	47.30	3.79
2017	智利	73.84	29.46	3.39	65.38	69.83	61.35	18.67
2014	中等偏上收入经济体	71.53	15.96	4.80	44.42	47.33	41.56	0.78
2017	中等偏上收入经济体	72.78	37.51	1.72	62.27	65.89	58.74	3.17
2014	中等偏下收入经济体	40.62	2.40	4.34	19.72	24.84	14.56	3.22
2017	中等偏下收入经济体	56.10	6.80	2.08	29.15	34.70	23.65	5.35
2014	中等收入经济体	56.91	9.55	4.58	32.74	36.63	28.86	1.93
2017	中等收入经济体	64.28	21.86	1.91	45.40	49.94	40.92	4.28
2017	中东和北非	47.06	15.89		37.70	46.06	29.17	
2017	中东和北非（不包括高收入经济体）	42.97	12.22	2.07	33.35	40.58	26.39	5.80
2017	中非共和国	13.75	4.74	2.04	9.26	12.60	6.15	
2014	中国	78.85	19.59	3.50	44.47	46.02	42.86	
2017	中国	80.23	48.79	1.03	67.94	71.66	64.08	
2014	中国台湾	91.38	36.03		77.97	79.75	76.24	

续表

年份	国家	拥有金融机构账户人数占比	使用互联网支付账单或在线购买商品人数占比	通过手机方式发出或收到国内汇款转账人数占比	收到或进行数字支付的人数占比	收到或进行数字支付的男性占男性人数之比	收到或进行数字支付的女性占女性人数之比	移动货币账户人数占比
2017	中国台湾	94.18	45.93		77.12	73.74	80.35	
2014	中国香港	96.15	36.28		80.98	81.40	80.63	
2017	中国香港	95.28	53.15		84.51	85.77	83.48	
2014	佐治亚州	39.67	4.98	9.34	20.82	24.96	17.22	
2017	佐治亚州	61.23	13.52	1.01	52.95	50.74	54.88	2.20

注：1. 人数统计均为 15 岁以上者。2. 空值表示缺失值。

参考文献

[1] Adams B L, King J, Penner A M, et al. The returns to education and labor market sorting in Slovenia, 1993 – 2007 [J]. Research in Social Stratification and Mobility, 2017 (47): 55-65.

[2] Agrawal A K, Catalini C, Goldfarb A. The geography of crowdfunding [R]. National Bureau of Economic Research, 2011.

[3] Alesina A F, Lotti F, Mistrulli P E. Do women pay more for credit? Evidence from Italy[J]. Journal of the European Economic Association, 2013, 11 (1): 45-66.

[4] Baker D P. Forward and backward, horizontal and vertical: Transformation of occupational credentialing in the schooled society[J]. Research in Social Stratification and Mobility, 2011, 29 (1): 5-29.

[5] Baker D. The schooled society: The educational transformation of global culture[M]. California: Stanford University Press, 2014.

[6] Baker G. Human capital: A theoretical and empirical analysis [M]. New York: National Bureau, 1964.

[7] Barron G, Yechiam E. Private e-mail requests and the diffusion of responsibility[J]. Computers in Human Behavior, 2002, 18 (5): 507-520.

[8] Baum S. Higher education earnings premium: Value, variation, and trends[J]. Urban Institute, 2014 (2).

[9] Belleflamme P, Lambert T, Schwienbacher A. Crowdfunding: Tapping the right crowd[J]. Journal of Business Venturing, 2014, 29 (5): 585-609.

[10] Bester H. Screening vs rationing in credit markets with imperfect information[J]. The American Economic Review, 1985, 75 (4): 850-855.

[11] Bhuller M, Mogstad M, Salvanes K G. Lifecycle earnings, education premiums, and internal rates of return[J]. Journal of Labor Economics, 2014, 35 (4): 993-1030.

[12] Bhuller M, Mogstad M, Salvanes K G. Life cycle earnings, education premiums, and internal rates of return[R]. National Bureau of Economic Research, 2014.

[13] Bikhchandani S, Sharma S. Herd behavior in financial markets[J]. IMF Staff Papers, 2000, 47 (3): 279-310.

[14] Burbidge J B, Magee L, Robb A L. The education premium in Canada and the United States [J]. Canadian Public Policy/Analyse De Politiques, 2002 (2): 203-217.

[15] Burtch G, Ghose A, Wattal S. An empirical examination of the antecedents and consequences of contribution patterns in crowd-funded markets[J]. Information Systems Research, 2013, 24 (3): 499-519.

[16] Burtch G, Ghose A, Wattal S. Cultural differences and geography as determinants of online pro-social lending[J]. MISQUARTERLY, 2014, 38 (3): 773-794.

[17] Chen D, Lin Z. Rational or irrational herding in online microloan markets: Evidence from China[J]. Social Science Electronic Pubishing, 2014 (4).

[18] Chen J, Zhang Y, Yin Z. Education premium in the online peer-to-

peer lending marketplace: Evidence from the big data in china [J]. The Singapore Economic Review, 2018, 63 (1): 45-64.

[19] Chen X, Zhou L, Wan D. Group social capital and lending outcomes in the financial credit market: An empirical study of online peer-to-peer lending [J]. Electronic Commerce Research and Applications, 2016 (15): 1-13.

[20] Cole S A, Shastry G K. Smart money: The effect of education, cognitive ability, and financial literacy on financial market participation[M]. Boston: Harvard Business School, MA, 2009.

[21] Collins R. Theoretical sociology[M]. San Diego: Harcourt College Publishers, 1988.

[22] Darolia R, Koedel C, Martorell P, et al. Do employers prefer workers who attend for-profit colleges? Evidence from a field experiment[J]. Journal of Policy Analysis and Management, 2015, 34 (4): 881-903.

[23] Deming D J, Yuchtman N, Abulafi A, et al. The value of postsecondary credentials in the labor market: An experimental study[J]. American Economic Review, 2016, 106 (3): 778-806.

[24] Deterding N M, Pedulla D S. Educational authority in the "open door" marketplace: Labor market consequences of for-profit, nonprofit, and fictional educational credentials[J]. Sociology of Education, 2016, 89 (3): 155-170.

[25] Dorfleitner G, Priberny C, Schuster S, et al. Description - text related soft information in peer-to-peer lending—Evidence from two leading European platforms[J]. Journal of Banking & Finance, 2016 (64): 169-187.

[26] Duarte J, Siegel S, Young L. Trust and credit: The role of appearance in peer-to-peer lending[J]. The Review of Financial Studies,

2012, 25 (8): 2455-2484.

[27] Emekter R, Tu Y, Jirasakuldech B, et al. Evaluating credit risk and loan performance in online Peer-to-Peer (P2P) lending[J]. Applied Economics, 2015, 47 (1): 54-70.

[28] Everett C R. Group membership, relationship banking and loan default risk: The case of online social lending[J]. Banking & Finance Review, 2015, 7 (2).

[29] Fang H. Disentangling the college wage premium: Estimating a model with endogenous education choices[J]. International Economic Review, 2006, 47 (4): 1151-1185.

[30] Freedman S M, Jin G Z. Learning by Doing with Asymmetric Information: Evidence from Prosper. com [R]. National Bureau of Economic Research, 2011.

[31] Gao Q, Lin M. Lemon or cherry? The value of texts in debt crowdfunding[M]. The Social Science Electronic Publishing, 2014.

[32] Garcia S M, Weaver K, Moskowitz G B, et al. Crowded minds: The implicit bystander effect [J]. Journal of Personality and Social Psychology, 2002, 83 (4): 843.

[33] Gathergood J. Self-control, financial literacy and consumer over-indebtedness[J]. Journal of Economic Psychology, 2012, 33 (3): 590-602.

[34] Gonzalez L, Loureiro Y K. When can a photo increase credit? The impact of lender and borrower profiles on online peer-to-peer loans[J]. Journal of Behavioral and Experimental Finance, 2014 (2): 44-58.

[35] Greenwood R, Shleifer A. Expectations of returns and expected returns[J]. The Review of Financial Studies, 2014, 27 (3): 714-746.

［36］Grossman S J, Stiglitz J E. On the impossibility of informationally efficient markets［J］. The American Economic Eeview, 1980, 70 (3): 393–408.

［37］Henry E. Are investors influenced by how earnings press releases are written? ［J］. The Journal of Business Communication (1973), 2008, 45 (4): 363–407.

［38］Herzenstein M, Andrews R L, Dholakia U M, et al. The democratization of personal consumer loans? Determinants of success in online peer–to–peer lending communities［J］. Boston University School of Management Research Paper, 2008, 14 (6).

［39］Herzenstein M, Dholakia U M, Andrews R L. Strategic herding behavior in peer–to–peer loan auctions［J］. Journal of Interactive Marketing, 2011, 25 (1): 27–36.

［40］Iyer R, Khwaja A I, Luttmer E F, et al. Screening peers softly: Inferring the quality of small borrowers［J］. Management Science, 2015, 62 (6): 1554–1577.

［41］Jegadeesh N, Kim W. Do analysts herd? An analysis of recommendations and market reactions［J］. The Review of Financial Studies, 2009, 23 (2): 901–937.

［42］Jensen M C, Meckling W H. Theory of the firm: Managerial behavior, agency costs and ownership structure［J］. Journal of Financial Economics, 1976, 3 (4): 305–360.

［43］Keynes J M. The general theory of employment, interest, and money ［M］. Berlin: Springer, 2018.

［44］Klafft M. Online peer–to–peer lending: A lenders' perspective［J］. Social Science Electronic Publishing , 2009, 2 (2): 81–87.

［45］Knight J, Deng Q, Li S. China's expansion of higher education：The labour market consequences of a supply shock［J］. China Economic Review, 2017（43）：127-141.

［46］Knight J, Song L. China's emerging urban wage structure, 1995-2002［J］. Inequality and Public Policy in China, 2008（1）：221-242.

［47］Kopelman R E, Davis A L. A demonstration of the anchoring effect［J］. Decision Sciences Journal of Innovative Education, 2004, 2（2）：203-206.

［48］Kupp M, Anderson J. Zopa：Web 2. 0 meets retail banking［J］. Business Strategy Review, 2007, 18（3）：11-17.

［49］Kuppuswamy V, Bayus B L. Crowdfunding creative ideas：The dynamics of project backers［J］. The Economics of Crowdfunding：Springer, 2018（3）：151-182.

［50］Larrimore L, Jiang L, Larrimore J, et al. Peer to peer lending：The relationship between language features, trustworthiness, and persuasion success［J］. Journal of Applied Communication Research, 2011, 39（1）：19-37.

［51］Latané B, Darley J M. The unresponsive bystander：Why doesn't he help? Century psychology series［M］. New York：Appleton - Century Crofts, 1970.

［52］Latané B, Nida S. Ten years of research on group size and helping［J］. Psychological Bulletin, 1981, 89（2）：308.

［53］Lee E, Lee B. Herding behavior in online P2P lending：An empirical investigation［J］. Electronic Commerce Research and Applications, 2012, 11（5）：495-503.

［54］Lin M, Prabhala N R, Viswanathan S. Judging borrowers by the company they keep: Friendship networks and information asymmetry in online peer-to-peer lending[J]. Management Science, 2013, 59 (1): 17-35.

[55] Lin M, Viswanathan S. Home bias in online investments: An empirical study of an online crowdfunding market [J]. Management Science, 2015, 62 (5): 1393-1414.

[56] Li S, Lin Z, Qiu J, et al. How friendship networks work in online P2P lending markets [J]. Nankai Business Review International, 2015, 6 (1): 42-67.

[57] Liu D, Brass D, Lu Y, et al. Friendships in online peer-to-peer lending: Pipes, prisms, and relational herding[J]. MIS Quarterly, 2015, 39 (3): 729-742.

[58] Loughran T, Mcdonald B. Textual analysis in accounting and finance: A survey[J]. Journal of Accounting Research, 2016, 54 (4): 1187-1230.

[59] Low A, Ouliaris S, Robinson E, et al. Education for growth: The premium on education and work experience in Singapore[J]. The Monetary Authority of Singapore Staff Paper, 2004 (26).

[60] Maier M. Lending to strangers: Does verification matter? [J]. Social Science Eletronic Publishing, 2014 (16).

[61] Maoz Y D, Moav O. Social stratification, capital-skill complementarity, and the nonmonotonic evolution of the education premium[J]. Macroeconomic Dynamics, 2004, 8 (3): 295-309.

[62] Markey P M. Bystander intervention in computer-mediated communication[J]. Computers in Human Behavior, 2000, 16 (2): 183-188.

[63] Mas-Colell A, Whinston M D, Green J R. Microeconomic theory [M]. Oxford: Oxford University Press, 1995.

[64] Mengoli S, Odorici V, Gudjonsson S. The scorpion who stings the dog who bites: Women role and gender discrimination in microfinance [J]. Journal of Research in Gender Studies, 2017 (7).

[65] Meyer J W. The effects of education as an institution[J]. American Journal of Sociology, 1977, 83 (1): 55-77.

[66] Michels J. Do unverifiable disclosures matter? Evidence from peer-to-peer lending[J]. The Accounting Review, 2012, 87 (4): 1385-1413.

[67] Mishkin F S. The economics of money, Banking, and financial markets[M]. New Jersey: Pearson Education, 2007.

[68] Munnell A H, Tootell G M, Browne L E, et al. Mortgage lending in Boston: Interpreting HMDA data[J]. The American Economic Review, 1996, 86 (1): 25-53.

[69] Muravyev A, Talavera O, Schäfer D. Entrepreneurs' gender and financial constraints: Evidence from international data[J]. Journal of Comparative Economics, 2009, 37 (2): 270-286.

[70] Orhan M. Women business owners in France: The issue of financing discrimination[J]. Journal of Small Business Management, 2001, 39 (1): 95-102.

[71] Perna L W. The private benefits of higher education: An examination of the earnings premium[J]. Research in Higher Education, 2003, 44 (4): 451-472.

[72] Pope D G, Sydnor J R. What's in a picture? Evidence of discrimination from Prosper. com [J]. Journal of Human Resources, 2011, 46 (1): 53-92.

[73] Ravina E. Love & loans: The effect of beauty and personal character-

istics in credit markets[J]. SSRN Electronic Journal, 2012.

[74] Rossi S P, Malavasi R. Financial crisis, bank behaviour and credit crunch[M]. Berlin: Springer, 2016.

[75] Schultz T W. Investment in human capital [J]. The American Economic Review, 1961, 51 (1): 1-17.

[76] Spence M. Job market signaling[J]. Uncertainty in Economics, 1978 (87): 281-306.

[77] Stiglitz J E, Weiss A. Credit rationing in markets with imperfect information[J]. The American Economic Review, 1981, 71 (3): 393-410.

[78] Tang K, Xiong W. Index investment and the financialization of commodities[J]. Financial Analysts Journal, 2012, 68 (5): 54-74.

[79] Tetlock P C. Giving content to investor sentiment: The role of media in the stock market[J]. The Journal of Finance, 2007, 62 (3): 1139-1168.

[80] Tootell G M. Redlining in Boston: Do mortgage lenders discriminate against neighborhoods? [J]. The Quarterly Journal of Economics, 1996, 111 (4): 1049-1079.

[81] Tversky A, Kahneman D. Judgment under uncertainty: Heuristics and biases[J]. Science, 1974, 185 (4157): 1124-1131.

[82] Voelpel S C, Eckhoff R A, Förster J. David against Goliath? Group size and bystander effects in virtual knowledge sharing[J]. Human Relations, 2008, 61 (2): 271-295.

[83] Walker I, Zhu Y. The college wage premium and the expansion of higher education in the UK[J]. The Scandinavian Journal of Economics, 2008, 110 (4): 695-709.

[84] Yum H, Lee B, Chae M. From the wisdom of crowds to my own

judgment in microfinance through online peer-to-peer lending platforms[J]. Electronic Commerce Research and Applications, 2012, 11 (5): 469-483.

[85] Zhang J, Liu P. Rational herding in microloan markets[J]. Management Science, 2012, 58 (5): 892-912.

[86] Zheng H, Li D, Wu J, et al. The role of multidimensional social capital in crowdfunding: A comparative study in China and US[J]. Information & Management, 2014, 51 (4): 488-496.

[87] 巴曙松, 杨彪. 第三方支付国际监管研究及借鉴[J]. 财政研究, 2012 (4): 72-75.

[88] 柏亮, 李耀东. 中国 P2P 借贷服务行业白皮书[M]. 上海: 东方出版社, 2015.

[89] 陈浩. 中国股票市场机构投资者羊群行为实证研究[J]. 南开经济研究, 2004 (2): 91-94.

[90] 陈娟娟, 张亚斌, 尹筑嘉. 众筹市场投资者行为变化研究——基于众筹平台 "众筹网" 的经验证据[J]. 中国软科学, 2017 (9): 141-153.

[91] 陈庭强, 王冀宁. 基于认知心理学的证券投资者认知与行为偏差形成机理研究[J]. 系统科学学报, 2011 (2): 42-46.

[92] 陈霄, 叶德珠, 邓洁. 借款描述的可读性能够提高网络借款成功率吗[J]. 中国工业经济, 2018 (3): 174-192.

[93] 陈彦斌. 情绪波动和资产价格波动[J]. 经济研究, 2005 (3): 36-45.

[94] 陈志武. 互联网金融到底有多新[J]. 新金融, 2014 (4): 9-13.

[95] 崔丽媛, 洪永淼. 投资者对经济基本面的认知偏差会影响证券价格吗? ——中美证券市场对比分析[J]. 经济研究, 2017 (8): 94-109.

[96] 丹尼尔·卡尼曼．思考，快与慢［M］．北京：中信出版社，2012.

[97] 董玉峰，路振家．金融普及教育存在的问题、国际借鉴及对策［J］．金融理论与教学，2016（1）：84-86.

[98] 郭娜．政府？市场？谁更有效——中小企业融资难解决机制有效性研究［J］．金融研究，2013（3）：194-206.

[99] 郭品，沈悦．互联网金融对商业银行风险承担的影响：理论解读与实证检验［J］．财贸经济，2015（10）：102-116.

[100] 韩乾，洪永淼．国家产业政策、资产价格与投资者行为［J］．经济研究，2014（12）：143-158.

[101] 何琳洁．证券投资者行为演化研究［D］．长沙：湖南大学博士学位论文，2009.

[102] 洪娟，曹彬，李鑫．互联网金融风险的特殊性及其监管策略研究［J］．中央财经大学学报，2014（9）：42-46.

[103] 胡吉祥，吴颖萌．众筹融资的发展及监管［J］．证券市场导报，2013（12）：60-65.

[104] 黄健青，陈欢，李大夜．基于顾客价值视角的众筹项目成功影响因素研究［J］．中国软科学，2015（6）：116-127.

[105] 黄文妍，段文奇．互联网金融：风险、监管与发展［J］．上海经济研究，2015（8）：20-26.

[106] 克里斯·安德森．长尾理论［M］．乔江涛，译．北京：中信出版社，2012.

[107] 李爱君．民间借贷网络平台的风险防范法律制度研究［J］．中国政法大学学报，2012（5）：24-36+158.

[108] 李华民，吴非．银行规模、认知偏差与小企业融资［J］．财贸经

济，2017（5）：34-50.

[109] 李继尊．关于互联网金融的思考［J］．管理世界，2015（7）：1-7+16.

[110] 李梦然．P2P网络借贷投资者的信息识别与行为偏差［D］．北京：清华大学博士学位论文，2014.

[111] 李晓鑫，曹红辉．信息披露、投资经验与羊群行为——基于众筹投资的研究［J］．财贸经济，2016（10）：72-86.

[112] 李心丹，王冀宁，傅浩．中国个体证券投资者交易行为的实证研究［J］．经济研究，2002（11）：54-63+94.

[113] 李焰，高弋君，李珍妮，等．借款人描述性信息对投资人决策的影响——基于P2P网络借贷平台的分析［J］．经济研究，2014（S1）：143-155.

[114] 李悦雷，郭阳，张维．中国P2P小额贷款市场借贷成功率影响因素分析［J］．金融研究，2013（7）：126-138.

[115] 廖理，吉霖，张伟强．借贷市场能准确识别学历的价值吗?——来自P2P平台的经验证据［J］．金融研究，2015（3）：146-159.

[116] 廖理，李梦然，王正位，等．观察中学习：P2P网络投资中信息传递与羊群行为［J］．清华大学学报（哲学社会科学版），2015（1）：156-165+184.

[117] 廖理，李梦然，王正位．聪明的投资者：非完全市场化利率与风险识别——来自P2P网络借贷的证据［J］．经济研究，2014（7）：125-137.

[118] 廖理，李梦然，王正位．中国互联网金融的地域歧视研究［J］．数量经济技术经济研究，2014（5）：54-70.

[119] 廖理，张伟强．P2P网络借贷实证研究：一个文献综述［J］．清

华大学学报（哲学社会科学版），2017（2）：186-196+199.

[120] 林毅夫，孙希芳. 信息、非正规金融与中小企业融资[J]. 经济研究，2005（7）：35-44.

[121] 刘程浩，徐富明，王伟，等. 概率判断中的合取谬误[J]. 心理科学进展，2015（6）：967-978.

[122] 刘立秋，陆勇. Linda问题："齐当别"抉择模型的解释[J]. 心理科学进展，2007（5）：735-742.

[123] 刘鹏. 云计算[M]. 北京：电子工业出版社，2011.

[124] 裴平，张谊浩. 中国股票投资者认知偏差的实证检验[J]. 管理世界，2004（12）：12-22.

[125] 彭红枫，赵海燕，周洋. 借款陈述会影响借款成本和借款成功率吗？——基于网络借贷陈述的文本分析[J]. 金融研究，2016（4）：158-173.

[126] 彭惠. 信息不对称下的羊群行为与泡沫——金融市场的微观结构理论[J]. 金融研究，2000（11）：5-19.

[127] 沈悦，郭品. 互联网金融、技术溢出与商业银行全要素生产率[J]. 金融研究，2015（3）：160-175.

[128] 汤长安，彭耿. 中国基金羊群行为水平的上下界估计及其影响因素研究[J]. 中国软科学，2014（9）：136-146.

[129] 唐国豪，姜富伟，张定胜. 金融市场文本情绪研究进展[J]. 经济学动态，2016（11）：137-147.

[130] 田利辉，谭德凯，王冠英. 我国大宗商品期货市场存在羊群行为吗？[J]. 金融研究，2015（6）：144-158.

[131] 王博，张晓玫，卢露. 网络借贷是实现普惠金融的有效途径吗——来自"人人贷"的微观借贷证据[J]. 中国工业经济，2017（2）：

98-116.

[132] 王高义. 投资者情绪、风险状态与股价暴跌[J]. 投资研究，2017（9）：120-139.

[133] 王和. 大数据时代保险变革研究[M]. 北京：中国金融出版社，2014.

[134] 王冀宁，干甜. 投资者认知偏差研究评述[J]. 经济学动态，2008（12）：112-117.

[135] 王伟，陈伟，祝效国，等. 众筹融资成功率与语言风格的说服性——基于 Kickstarter 的实证研究[J]. 管理世界，2016（5）：81-98.

[136] 王馨. 互联网金融助解"长尾"小微企业融资难问题研究[J]. 金融研究，2015（9）：128-139.

[137] 吴晓求. 互联网金融：成长的逻辑[J]. 财贸经济，2015（2）：5-15.

[138] 吴晓求. 互联网金融的逻辑[J]. 中国金融，2014（3）：29-31.

[139] 吴晓求. 中国金融的深度变革与互联网金融[J]. 财贸经济，2014（1）：14-23.

[140] 伍旭川，何鹏. 中国开放式基金羊群行为分析[J]. 金融研究，2005（5）：60-69.

[141] 伍燕然，韩立岩. 不完全理性、投资者情绪与封闭式基金之谜[J]. 经济研究，2007（3）：117-129.

[142] 谢平，石午光. 数字加密货币研究：一个文献综述[J]. 金融研究，2015（1）：1-15.

[143] 谢平，邹传海，刘海二. 互联网金融手册[M]. 北京：中国人民大学出版社，2014.

[144] 谢平，邹传伟. 互联网金融模式研究[J]. 金融研究，2012

（12）：11-22.

[145] 谢平，邹传伟，刘海二．互联网金融的基础理论[J]．金融研究，2015（8）：1-12.

[146] 谢平，邹传伟，刘海二．互联网金融监管的必要性与核心原则[J]．国际金融研究，2014（8）：3-9.

[147] 杨才然，王宁．互联网金融风险的银行视角[J]．中国金融，2015（7）：56-57.

[148] 杨春学．经济学名著导读[M]．北京：学习出版社，2012.

[149] 杨东．互联网金融的法律规制——基于信息工具的视角[J]．中国社会科学，2015（4）：107-126+206.

[150] 叶德珠，陈霄．标点与字数会影响网络借贷吗——来自人人贷的经验证据[J]．财贸经济，2017（5）：65-79.

[151] 张捷．中小企业的关系型借贷与银行组织结构[J]．经济研究，2002（6）：32-37+54-94.

[152] 张晓玫，潘玲．我国银行业市场结构与中小企业关系型贷款[J]．金融研究，2013（6）：133-145.

[153] 张英．投资者认知、信息不对称与公司价值[D]．北京：对外经济贸易大学博士学位论文，2014.

[154] 郑联盛．中国互联网金融：模式、影响、本质与风险[J]．国际经济评论，2014，000（005）：103-118.

[155] 周冬华，赵玉洁．证券分析师盈余预测乐观倾向：利益关联还是启发式认知偏差？[J]．管理评论，2016（1）：205-218.